Karin Jäckel / Angela Holzmann

Die Kinderbibel

Karin Jäckel / Angela Holzmann

Die Kinderbibel

Kaufmann Verlag

Inhalt

Altes Testament

Gott erschafft die Welt **10**

Adam und Eva im Paradies **14**

Der verbotene Baum und die Schlange **16**

Die Vertreibung aus dem Paradies **20**

Kain und Abel **22**

Noah und der große Regen **24**

Der Turmbau in Babel **28**

Abraham und Sara **30**

Isaak und Ismael **32**

Isaaks Kinder und das Linsengericht **34**

Jakob und die große Lüge **36**

Jakob und die Himmelsleiter **38**

Jakob und seine Familie **40**

Josef, der Träumer 42

Josef im Brunnen 44

Josef wird verkauft 48

Josef kommt nach Ägypten 50

Josef im Gefängnis 52

Josef und der Pharao 54

Josef und seine hungrigen Brüder 56

Baby Mose 60

Mose und der brennende Dornbusch 64

Mose und die Bestrafung des Pharao 69

Mose befreit das Volk Israel 72

Mose und die Zehn Gebote 76

Der Tanz um das Goldene Kalb 78

Die Posaunen von Jericho 80

David und Goliat 82

David und Salomo 86

König Salomo und die richtige Mutter 88

Elia, der weise Prophet Gottes 90

Daniel und die wundersame Schrift an der Wand 92

Daniel in der Löwengrube 94

Jona im Walfischbauch 98

Jona und die Stadt Ninive 102

Neues Testament

Gottes aufregende Botschaften **106**

Johannes kommt zur Welt **108**

Jesus wird geboren **110**

Die Nacht der Hirten **116**

Die Sterndeuter aus dem Morgenland **118**

Die Flucht nach Ägypten **122**

Jesus besucht den Tempel in Jerusalem **124**

Jesus lässt sich von Johannes taufen **128**

Der Teufel in der Wüste **130**

Die Jünger **132**

Als Jesus Wasser in Wein verwandelte **134**

Der Gelähmte **136**

Die Heilung am Sabbat **140**

Der römische Hauptmann **142**

Der Sturm auf dem See **144**

Die Bergpredigt **146**

Das Vaterunser **148**

Die fremde Frau **150**

Die Tochter des Jaïrus **152**

Der Pharisäer und der Zöllner **154**

Von den Ersten und den Letzten **156**

Brot und Fisch für alle **158**

Jesus geht übers Wasser **160**

Der barmherzige Samariter **162**

Die Kinder sind die Größten **164**

Jesus wird gesalbt **166**

Jesus geht nach Jerusalem **168**

Jesus vertreibt die Händler aus dem Tempel **170**

Das letzte Abendmahl **172**

Im Garten Gethsemane **176**

Jesus wird gefangen genommen **178**

Petrus will Jesus nicht mehr kennen **180**

Jesus wird verhört und verurteilt **182**

Jesus stirbt am Kreuz **186**

Jesus ist auferstanden **188**

Das Pfingstwunder **190**

Altes Testament

Gott erschafft die Welt
GENESIS 1,1–2,4

Vor unvorstellbar langer Zeit beschloss Gott, etwas Schönes zu erschaffen. Darum formte er eine große Kugel aus Stein und Wasser und nannte sie Welt. Doch als er sie genauer betrachten wollte, war es viel zu dunkel ringsum. Da rief Gott: »Licht! Es werde Licht!« Und sofort wurde es hell.

Jetzt konnte Gott das riesengroße Meer sehen, das die Weltkugel bedeckte. Wind wehte darüber hin und schob das Wasser vor sich her. Immer, immer wieder und immer, immer gleich.

»Überall bloß Wellen. Etwas Abwechslung wäre viel schöner. Ich will das Wasser teilen und trockene Stellen dazwischenschieben und rundherum einen Himmel erfinden«, dachte Gott.

Und so geschah es.

Das Licht leuchtete so warm, dass es Wassertröpfchen aus dem Meer aufsteigen ließ, die zu weißen Wolken wurden. Das sah schön aus. Aber Gott sagte: »Wenn es immerzu so heiß ist, wird das trockene Land bald verbrennen. Das darf nicht geschehen. Lieber soll die Sonne nur halb so lange scheinen. In der anderen Hälfte der Zeit will ich es wieder dunkel machen und ein kühleres Licht an den Himmel stellen.«

So entstanden der erste Tag und die erste Nacht mit Sonne und Mond.

Gott schaute nun das trockene Land und das schäumende Meer an und fand seine Weltkugel ganz wunderbar gut gelungen. Er dachte sich Farben und Pflanzen für sie aus. Grün ließ er Gras auf dem Land wachsen. Blumen und Sträucher blühten kunterbunt. Bäume schoben ihre braunen Stämme und grünen Kronen zum Himmel hoch und

trugen die leckersten Früchte. Blau, rot, gelb oder orange leuchteten sie zwischen den Blättern hervor. Süßer und würziger Duft erfüllte die Luft. Und wenn Gott ins Licht blinzelte, schien es ihm, als würde auch der Himmel von Farben funkeln.

»Herrlich!«, sprach Gott. »Morgen will ich den Nachthimmel ebenso wunderschön ausschmücken. Ich will Glitzerlichter in die Dunkelheit stecken und Bilder damit malen. Sterne sollen sie heißen und Sternbilder. Und so viele sollen es sein, dass ich die ganze Nacht brauche, um sie zu zählen.«

Bald darauf stellte Gott sich vor, wie es wohl wäre, wenn allerlei Lebewesen im Wasser schwimmen und andere am Himmel fliegen oder über das Land laufen würden. Das gefiel ihm so gut, dass er sofort damit anfing, sich immer neue, immer andere Tiere auszudenken. Fische entstanden und Frösche, Krokodile und Walrösser, Seehunde und Muscheln, Würmer und Pinguine, Haie und Wale, aber auch die buntesten Korallenfische und Seesterne. Anderen ließ Gott Federn oder feine Haare und Flügel wachsen. Vögel, Bienen, Käfer, Schmetterlinge, Raupen, Mücken und noch viele, viele andere kamen hervor. Bald schon summte und brummte, zwitscherte und trillerte, pfiff und kreischte es ringsumher.

Gott freute sich.

Er konnte gar nicht mehr aufhören, Tiere zu erschaffen. Er formte Kühe und Schweine und Schafe und Ziegen, Hunde und Katzen und Mäuse und sogar klitzekleine freche Läuse, bis am Ende alle Wiesen und Wälder voller Leben waren.

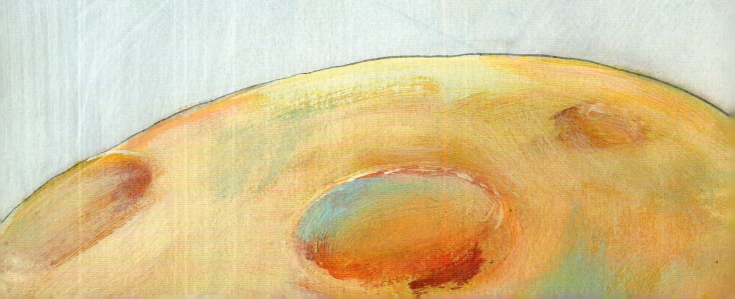

Am sechsten Tag dachte Gott: »Jetzt fehlt nur noch jemand, der auf meine schöne Welt aufpasst. Ich will Menschen machen, die mir ähnlich sind, und ich will ihr Vater sein.«

So erschuf Gott einen Mann und eine Frau. Als sie fertig waren, fand er sie wunderbar gut gelungen und sprach: »Habt euch lieb und bekommt viele Kinder miteinander. Überall auf der Erde sollt ihr leben. Über alle Fische im Meer und über alle Vögel am Himmel und über alle anderen Tiere, die es an Land gibt, sollt ihr herrschen und ihr sollt auf sie aufpassen.«

Am siebten Tag sah Gott alles an, was er geschaffen hatte, und es war sehr gut. Da segnete er den siebten Tag und ruhte sich von aller Arbeit aus.

Adam und Eva im Paradies
GENESIS 2,5–25

Adam und Eva lebten glücklich und zufrieden in einem riesigen Garten inmitten eines fruchtbaren Tales. Damit sie sich wohlfühlten, ließ Gott bunte Blumenwiesen, schattige Wälder und viele köstlich schmeckende Pflanzen wachsen.

Er schuf lustig plätschernde Quellen und Seen, aus denen seine Menschen trinken und in denen sie schwimmen konnten. Die Tiere, die Gott geschaffen hatte, leisteten Adam und Eva Gesellschaft und waren ihre liebsten Freunde.

Adam und Eva gaben allen Tieren und Pflanzen Namen. Sie nannten ihren Garten Paradies.

Adam und Eva passten gut auf ihren Garten auf. Sie hatten alle Pflanzen und Tiere lieb und zankten sich nie miteinander. Sie wussten gar nicht, was Streit war, denn Gott hatte ihnen nur Gutes und Liebes ins Herz gelegt.

Inmitten des Paradieses hatte Gott jedoch zwei ganz besondere Bäume erschaffen. Einer von ihnen war der Baum des ewigen Lebens.

»Esst alle von seinen Früchten«, lud Gott seine Menschen und Tiere ein. »Dann bleibt ihr immer jung und gesund.«

Der andere Baum aber war der Baum der Erkenntnis von Gut und Böse. Gott zeigte ihn Adam und Eva ganz genau. »Dieser Baum ist der verbotene Baum«, sprach er streng. »Ihr dürft seine Früchte niemals essen. Wenn ihr auch nur einen einzigen Bissen davon abbeißt, müsst ihr das Paradies verlassen.«

Adam und Eva blickten erschrocken drein. »Nie und nimmermehr werden wir davon essen«, versprachen sie.

Der verbotene Baum und die Schlange
GENESIS 3,1–7

Eines Tages spielten Adam und Eva wieder einmal mit den Tieren im Garten. Eva merkte gar nicht, dass sie sich ausgerechnet hinter dem verbotenen Baum versteckt hatte. »Kuckuck, wo bin ich?«, rief sie, damit die anderen sie suchen sollten.

In diesem Moment glitt eine Schlange zwischen den Zweigen hervor und zischelte mit ihrer gespaltenen Zunge: »Schau mal nach oben, Eva, die Früchte sind reif. Soll ich dir eine davon geben?«

Eva blickte über sich und erschrak. »Was redest du da, Schlange? Das ist der verbotene Baum. Diese Früchte dürfen wir nicht essen.«

Die Schlange ringelte sich ein wenig weiter aus dem Baum herunter und starrte Eva aus schwarzen Knopfaugen an. »Unsinn! Wer davon isst, wird schlau.«

»Gott Vater will nicht, dass wir davon essen, weil wir sonst das Paradies verlassen müssen«, sagte Eva und schüttelte den Kopf.

Die Schlange kicherte. »Das sagt Gott doch nur so. Er will alle diese Früchte für sich allein, weil sie so schlau machen. Er will bloß nicht, dass ihr ebenso klug werdet, wie er es ist. Nur darum sollt ihr nicht davon essen.«

Eva schaute die verbotenen Früchte an, die halb rot und halb gelb waren und so rund und glatt wie Äpfel. Dicht neben der Schlange schaukelte eine Frucht, die war so rot wie Evas Mund.

»Willst du wissen, ob ich lüge? Du kannst es leicht herausfinden«, flüsterte die Schlange und pflückte die rote Frucht. »Hier, nimm und beiß rein.«

Die Frucht war so rot und rund. Und es war gar nichts passiert, als die Schlange sie gepflückt hatte. Vielleicht stimmte es ja, was die Schlange sagte? Eva kam zögernd näher.

»Ja, ja, ja. Gut so. Jetzt mach schon, Eva«, lockte die Schlange und hielt ihr die verbotene Frucht unter die Nase. Wie das duftete!

»Trau dich und nimm sie. Beiß einfach mal rein. Ich bin dein Freund. Ich will dir nur helfen. Du wirst sehen, Gott freut sich, wenn du nicht mehr so dumm bist. Ganz bestimmt hat er dich dann noch viel lieber.«

»Wirklich?« Etwas Schöneres konnte Eva sich nicht vorstellen.

»Ja, klar«, züngelte die Schlange.

Da nahm Eva die verbotene Frucht und biss kräftig hinein.

Etwas Süßeres und Saftigeres hatte sie noch nie gekostet. »Adam, lieber Adam«, rief Eva und sprang ihm mit der verbotenen Frucht entgegen. »Probier doch mal, wie köstlich das schmeckt.«

Und auch Adam biss hinein.

Kaum hatten sie beide die verbotene Frucht aufgegessen, geschah etwas Merkwürdiges: Sie sahen zum allerersten Mal, dass sie splitternackt waren. Alle Tiere hatten ein Fell oder Federn. Manche besaßen sogar ein Häuschen, in dem sie sich verstecken konnten. Adam und Eva aber trugen nur Haare auf dem Kopf und sonst nichts.

»Du siehst ja komisch aus«, staunte Adam.

»Und du erst«, meinte Eva.

Da schämten sie sich und banden sich ein paar große Blätter von einem Feigenbaum um den Bauch.

Am schlimmsten aber war, dass sie sich zum ersten Mal vor Gott fürchteten. Sie waren ungehorsam gewesen und hatten etwas Verbotenes getan. Bestimmt würde er böse auf sie sein. Angstvoll verkrochen sie sich im Gebüsch.

Die Vertreibung aus dem Paradies
GENESIS 3,8–24

Bald hörten Adam und Eva Gott kommen.
»Adam, wo bist du?«, rief Gott. »Komm heraus.«
»Ich kann nicht«, antwortete Adam und schaute zwischen den Büschen hervor. »Ich habe nichts an.«
Da wusste Gott sofort, was geschehen war. »Adam, Adam, warum hast du das getan? Ich habe dir und Eva alle Bäume, alle Tiere, das ganze Paradies geschenkt. Nur von einem einzigen Baum solltet ihr nicht essen. Und trotzdem ist es passiert.«
»Sie war es.« Adam zeigte auf Eva, die nun auch hinter dem Buschwerk hervorschaute. »Sie hat die Frucht genommen und mich abbeißen lassen.«
»Die Schlange ist schuld«, schluchzte Eva. »Sie hat gesagt, die Frucht macht schlau. Und du willst nur nicht, dass wir so klug sind wie du.«

»Also habt ihr der Schlange mehr geglaubt als mir«, stellte Gott fest. »Ich habe euch gewarnt. Jetzt könnt ihr nicht mehr im Paradies bleiben.«

»Wir wollen es nie wieder tun«, riefen Adam und Eva. »Schick uns nicht weg, Gott Vater.«

Doch es war zu spät. Die verbotene Frucht war gegessen. Dadurch war das Böse in die Welt gekommen. Im Paradies aber durfte nichts Böses sein.

Gott hatte Adam und Eva aber immer noch lieb. Er schenkte ihnen warme Kleidung, denn draußen vor dem Paradies war es kalt. Dann führte er sie hinaus zu einem steinigen Acker, der voller Disteln, Unkraut und Dornenhecken war, und sagte: »Hier sollt ihr von nun an leben. Arbeitet und helft einander, dann wird es euch bald schon gut gehen und euren Kindern auch.«

Die Schlange hatte alles gehört und wollte wegkriechen. Doch Gott bestrafte auch sie: »Verschwinde aus meinem Paradies. Die Menschen und du, ihr seid keine Freunde mehr. Sie werden dich mit dem Fuß zertreten und du wirst ihnen mit dem Giftzahn in die Ferse beißen.«

Dann winkte Gott seine Engel herbei und befahl ihnen, mit ihren großen Flammenschwertern den Eingang zum Paradies zu bewachen. »Lasst Adam und Eva nicht wieder herein«, schärfte er ihnen ein. »Sie dürfen nicht mehr vom Baum des ewigen Lebens essen.«

Da gingen Adam und Eva traurig davon und die Schlange versteckte sich unter den Steinen.

Kain und Abel

GENESIS 4,1–16

Adam und Eva liebten sich sehr. Sie halfen einander, wo sie nur konnten. Sie bauten sich ein Haus und legten einen Acker an, auf dem sie allerlei Getreide und Gemüse anpflanzten. Sie zähmten wilde Schafe und Ziegen. Bald besaßen sie eine ganze Herde. Da hatten sie immer genug zu essen und konnten sich warme Kleidung aus Wolle und Fellen anfertigen. Das Schönste aber war, dass sie Kinder bekamen, zwei kleine Buben. Sie nannten die beiden Kain und Abel.

Als Kain älter wurde, half er seinem Vater auf dem Feld. Abel liebte die Arbeit mit Schafen und Ziegen. So wurde aus Kain ein Bauer und aus Abel ein Hirte. Beiden ging es gut, denn Kains Ernten waren reichlich und Abels Herden wurden immer größer.

Trotzdem war Kain nicht glücklich. Er hatte das Gefühl, dass Abel es viel besser als er hätte. Abel konnte bei seinen Schafen und Ziegen sitzen und ihnen bei ihren lustigen Sprüngen zusehen. Kain hatte nur seine langweiligen Pflanzen. Und er dachte, dass Gott Abel viel lieber hätte als ihn.

Eines Tages sah Kain, wie Abel ein Schaf schlachtete und ein schönes Stück Fleisch auf den Altar legte. Dann betete Abel und briet das Fleisch, um Gott dafür zu

danken, wie gut es ihm ging. Der Rauch über dem Feuer stieg kerzengerade in den Himmel. Das bedeutete, dass Gott Freude an Abels Opfer hatte.

»Ich will Gott auch ein Opfer darbringen«, dachte Kain. »Aber ein viel größeres und besseres. Abel wird sich wundern.« Schnell baute er einen Altar aus den größten Steinen, die er auf seinem Acker finden konnte. Mit beiden Armen warf er Stroh, Kraut und Früchte darauf. Doch als er seine Opfergaben anzünden wollte, qualmten sie nur. Sie waren zu nass. Der Rauch breitete sich schwarz am Boden aus. Da lief Kain wütend und weinend davon.

Kain fing an, Abel zu hassen.

Kain konnte die ganze Nacht nicht schlafen. »Wenn der blöde Abel nicht wäre, würde Gott mich am meisten lieben«, dachte er. Und plötzlich hatte er eine Idee.

Am nächsten Morgen verabredete Kain sich mit Abel zu einem Spaziergang. »Komm, ich zeige dir meine Felder«, lud er ihn ein. Abel ging gerne mit. Kaum waren sie auf dem Feld angekommen, ergriff Kain einen dicken Stein und schlug Abel damit auf den Kopf. Blut lief aus der Wunde und Abel war tot. Kain aber rannte auf und davon. Er wollte sich verstecken. Niemand sollte wissen, was er getan hatte.

Einer aber wusste es doch: Gott. »Kain«, ertönte seine mächtige Stimme. »Kain, wo ist dein Bruder Abel?«

»Woher soll ich das wissen?«, schrie Kain zurück. »Bin ich etwa sein Aufpasser?«

Da wurde Gott sehr zornig. »Das Blut deines Bruders klebt an deinen Händen, Kain. Ich weiß, was du getan hast. Zur Strafe sollen deine Felder keine Früchte mehr tragen und du sollst für immer von hier fortgehen.«

Kain war verzweifelt. »Wo soll ich denn hin? Wenn man mich findet, werde ich auch totgeschlagen.«

»Nein«, widersprach Gott. »Ich will dir ein Schutzzeichen auf die Stirn malen. Wer es sieht, weiß, dass ich allein das Recht habe, dich zu bestrafen. Niemand wird dir etwas antun.«

Adam und Eva lagen sich weinend in den Armen. Abel war tot und Kain war fort. Nun hatten sie beide Söhne verloren.

Ein paar Monate später merkte Eva, dass sie schwanger war. Darüber freuten sie und Adam sich sehr. Jeden Tag dachten die beiden an Kain und Abel und beteten für sie. Doch bald wurde ihr drittes Kind geboren, und wenn das Baby lachte, wurden Adam und Eva froh.

Noah und der große Regen
GENESIS 6,5–9,17

Gott hatte Kain weit fortgeschickt. Niemand sollte sich an seiner bösen Tat ein Beispiel nehmen. Doch umsonst; das Böse unter den Menschen hörte nicht auf. Sie stritten und taten einander weh. Sie waren neidisch und eifersüchtig. Sie beraubten und schlugen sich.

Trotzdem hatte Gott die Menschen lieb. »Einer ist unter ihnen, der an mich glaubt«, dachte er. »Das ist mein guter, braver Noah, der im Gebet zu mir spricht. Er liebt seine Frau und seine Kinder, ist immer gut zu anderen und sorgt für meine Pflanzen und Tiere. Wegen Noah will ich den Menschen noch einmal eine Chance geben.«

Wenig später begann Noah mit seiner Familie, einen riesigen Holzkasten zu bauen.

»Was soll das werden?«, fragten die Nachbarn.

»Eine Arche«, antwortete Noah und ließ sich in seiner Arbeit nicht stören.

Die Nachbarn lachten. »Eine Arche? Du meinst ein Schiff? Und was willst du damit? Hier in deinem trockenen Garten?«

»Es ist Gottes Wille«, sagte Noah. »Ihr solltet euch lieber auch eine Arche bauen, denn Gott wird einen großen Regen schicken.«

Da tippten die Nachbarn sich an die Stirn und ließen Noah mit seinem Holzkasten stehen. Als etwas später die ersten Tiere in Noahs Holzkasten einstiegen, hielten die Nachbarn Noah für völlig verrückt.

Bald waren von allen Tieren ein Männchen und ein Weibchen in der Arche angekommen. Sogleich ließ Gott es regnen und regnen und regnen. In Strömen floss das Wasser vom Himmel. Es füllte die Gräben. Es stieg in die Häuser. Es überflutete die Bäume. Es warf Wellen zwischen den Hügeln und ließ die Täler verschwinden. Und es nahm Noahs Arche mit.

Noah und seine Familie hörten vierzig Tage und vierzig Nächte den Regen auf das Dach der Arche trommeln. Dann wurde es still. Vorsichtig öffnete Noah ein

kleines Fenster und blickte hinaus. Die Arche war ganz und gar von Meer umgeben. Nirgends war Land zu sehen.

»Habt keine Angst«, tröstete Noah seine Frau und seine Kinder. »Gott ist mit uns. Er wird uns helfen.«

Sie trieben viele Tage auf dem Meer dahin, bis plötzlich ein schwerer Stoß durch die Arche fuhr, sodass sogar die Elefanten zitterten und die Spinnen aus ihren Netzen fielen.

»Hilfe, wir sinken!«, weinte Noahs Frau. Doch Noah nahm sie in den Arm und lächelte. »Das Wasser fällt«, meinte er. »Wir sind an einen Berg gestoßen. Warte, ich will die Vögel fliegen lassen. Wenn sie nicht mehr wiederkommen, haben sie Land gefunden.«

Von nun an flogen die Vögel jeden Tag aus dem kleinen Fenster der Arche übers Meer. Als die Taube eines Abends mit einem Ölzweig im Schnabel zurückkam, jubelten alle laut. Jetzt wussten sie, dass fruchtbares Land in der Nähe war.

»Verlasst nun die Arche und seid glücklich«, erklang Gottes Stimme, und ein wundervoller Regenbogen leuchtete zwischen Himmel und Erde auf. »Seht dieses Zeichen. Es soll euch daran erinnern, dass ich euch liebe.«

Da liefen alle fröhlich an Land und dankten Gott.

Der Turmbau in Babel
GENESIS 11,1–9

Mit der Zeit wurden die Menschen immer hochmütiger und eingebildeter. Viele hatten Gott, der die Welt erschaffen hatte, vergessen. Manche meinten, selbst wie Gott zu sein. Auch der König von Babel war einer von ihnen. Eitel und überheblich saß er auf seinem goldenen Thron und befahl seinem Volk, einen Turm zu erbauen, der bis in den Himmel reichen sollte.

Eilig errichteten die Bauarbeiter ein riesiges Fundament. Baugerüste und Laderampen wurden aufgestellt. Tag für Tag schafften Arbeiter und Eseltreiber gebrannte Ziegelsteine und anderes Baumaterial herbei. Mauern und Treppen entstanden. Der Turm wuchs und wuchs.

Bald mussten alle den Kopf weit in den Nacken legen, wenn sie den Turmbau betrachteten. »Der Turm stößt wirklich schon fast an den Himmel«, staunten sie. »Kein Mensch kann so etwas Herrliches bauen. Unser König muss Gott sein.« Und voller Bewunderung beteten sie den König von Babel an. Gott aber beschloss, den Menschen ein Zeichen zu geben. Sie sollten erkennen, dass Gott diesen Turmbau nicht wollte. Also verwirrte Gott die Sprache der Menschen.

Plötzlich verstanden die Leute sich nicht mehr. Rief ein Bauarbeiter einem anderen zu: »Bring mir doch mal einen Korb Steine«, bekam er ein Stück Holz. Verlangte ein anderer eine Leiter, brachte man ihm eine Kanne Wasser. Brauchte jemand Lehm, um damit die Fugen zwischen den Mauern zu verkleben, fragten die Eseltreiber: »Was willst du? Einen Sack Sand?«

Alle redeten wild durcheinander. Jeder sprach eine andere Sprache. Manche Bauarbeiter wurden wütend. Andere bekamen Angst und rannten davon. Die Arbeit am Turmbau blieb liegen.

In ihrer Not flehten die Arbeiter den König an, dass er ihnen ihre alte Sprache zurückgeben möge. Doch der König wusste nicht, wie.

Da merkten die Arbeiter, dass der König nicht Gott war, und erinnerten sich wieder an den einen wahren Gott, den ihre Eltern und Großeltern angebetet hatten.

Die Sprachverwirrung, die Gott geschickt hatte, aber blieb, und die Menschen zogen fort in verschiedene Länder. Sie gründeten Familien und redeten mit ihren Kindern und Enkelkindern in ihren neuen Sprachen. So bekam jedes Land eine eigene Sprache.

Abraham und Sara

AUS GENESIS 12–21

Abraham besaß viele Kamele, Ziegen und Schafe. Damit sie alle satt wurden, zog er mit ihnen von einer Weide zur anderen. Und wenn er irgendwo haltmachte, wohnte er in einem gemütlichen Zelt.

Abraham liebte Gott und betete jeden Abend zu ihm. Wenn der Himmel voller Sterne war, fühlte Abraham sich Gott am nächsten.

Eines Tages hörte Abraham Gottes Stimme: »Geh fort von hier. Verlasse dein Land. Ich will dir ein anderes zeigen. Dort sollst du leben und viele Kinder haben.«

Abraham zögerte nicht. Er rief seine Frau Sara und Lot, den Sohn seines verstorbenen Bruders, und erzählte ihnen, was Gott befohlen hatte. Dann packten sie mit ihren Knechten und Mägden alle Zelte ein, trieben ihre Herden zusammen und brachen auf.

Sie reisten lange umher und gelangten endlich nach Kanaan, ein schönes Land mit fruchtbaren Tälern zwischen sanften Hügeln und steilen Bergen. Es gab viele Quellen und Bäche. Weinstöcke, Feigen- und Olivenbäume gediehen. Bienen summten über den Wiesen. Köstlich schmeckte ihr Honig. Das Korn stand so golden auf den Feldern wie nirgends sonst. Abraham und seine Leute hatten nie üppigere Weiden gesehen.

»Hier wollen wir rasten«, sagte Abraham. Sofort errichtete er einen Altar und dankte Gott, dass sie die weite Reise bis jetzt gut überstanden hatten. Da antwortete

Gott ihm: »Hier sollst du bleiben. Dieses Land will ich dir und deinen Kindern und Kindeskindern schenken. Bald schon werdet ihr so zahlreich sein wie der Staub der Erde.«

Abraham und Sara freuten sich. Sie fühlten sich mit ihren Mägden und Knechten sehr wohl im schönen Kanaan. Es ging ihnen gut. Ihre Äcker trugen reiche Ernte. Ihre Tiere standen auf üppigen Weiden. Alles war wunderbar. Nur eines stimmte sie allmählich immer trauriger. Gott hatte ihnen Kinder versprochen, doch sie bekamen keine. Zehn Jahre lang. Da gab Sara alle Hoffnung auf ein Baby auf.

Als eines Tages drei Fremde zu Abrahams Zelt kamen, sagte einer: »Wenn wir nächstes Jahr wiederkommen, wird deine Frau euren Sohn im Arm halten.« Da musste Sara laut lachen. »So ein Unsinn«, meinte sie. »Abraham und ich sind schon viel zu alt. Da bekommt man doch kein Kind mehr.«

Abraham aber lachte nicht. Er glaubte Gott und sagte: »Bei Gott ist alles möglich. Er hat uns Kinder versprochen. So viele wie Sand am Meer und Sterne am Himmel. Gott belügt uns nicht.«

Und wirklich, bald schon merkte Sara, dass ein Kind in ihrem Bauch wuchs. Und einige Monate später brachte sie einen Sohn zur Welt. Überglücklich nahm Abraham Mutter und Kind in die Arme. »Unser Kleiner soll Isaak heißen«, sagte er. »Das bedeutet ›lachen‹. Dieser Name soll uns immer daran erinnern, dass du gelacht hast, als dir ein Sohn versprochen wurde.«

Isaak und Ismael

GENESIS 21,8–21

Abraham und Sara hatten so lange keine Kinder bekommen, dass sie Angst hatten, niemals mehr Eltern zu werden. Eines Tages konnte Sara es nicht ertragen, wie traurig Abraham war, keine Kinder zu haben. Deshalb nahm sie ihn in den Arm und sagte: »Es ist Gottes Wille, dass du viele Kinder haben sollst. Ich kann sie dir leider nicht schenken. Aber unsere Magd Hagar könnte es. Sie ist jung und gesund. Und sie ist damit einverstanden, mit dir ein Kind zu bekommen. Wir könnten es wie unser eigenes großziehen.«

Abraham dachte lange über diesen Vorschlag nach. Dann nahm er Saras Rat an und bekam einen Sohn mit Hagar. Er nannte ihn Ismael.

Als Sara schließlich doch noch ein Kind bekam, war Isaak ihr viel wichtiger als Ismael. Darauf war Ismael sehr eifersüchtig und stritt sich oft mit seinem Halbbruder Isaak.

»Ich bin der Erstgeborene«, rief Ismael dann. »Ich bin viel wichtiger als du.«

»Aber meine Mutter Sara ist mit unserem Vater verheiratet und deine Mutter Hagar nicht«, schrie Isaak zurück. »Also bin ich besser als du.«

»Vertragt euch, Kinder«, befahl Abraham. »Ich habe euch beide gleich lieb.«

Doch alles Mahnen half nichts, denn auch die Mütter der beiden zänkischen Söhne konnten sich nicht vertragen. Isaaks Mutter Sara beschwerte sich bei Abraham über Ismaels Mutter Hagar und umgekehrt. Dauernd gab es Streit und Unfrieden. Deshalb verlangte Sara, dass Ismael und seine Mutter weggeschickt werden sollten.

Abraham war verzweifelt. Er liebte Ismael ebenso wie Isaak. Beide waren seine Kinder. Er brachte es nicht übers Herz, seinen eigenen Sohn wegzujagen.

»Hilf mir, Gott«, betete er. »Sage mir, was soll ich tun?«

Da antwortete Gott: »Mach dir keine Sorgen und tu, was deine Frau Sara will. Ich werde Ismael nicht verlassen, denn auch er ist dein Sohn. Er soll ruhig mit seiner Mutter fortgehen. Ich will ihn führen und beschützen. Es wird ihm an nichts fehlen. Weil du sein Vater bist, soll auch er viele Kinder haben und zum Vater eines großen Volkes werden.«

Abraham fühlte sich getröstet.

Am nächsten Morgen brachte er Ismaels Mutter Brot und Wasser als Reiseproviant und schickte sie nach Ägypten, wo Ismaels Mutter zu Hause war. Der Weg war weit und schwer. Die Sonne stach vom Himmel. Nirgends war Schatten zu finden. Und alle Wasserstellen unterwegs waren versiegt. Gott aber sandte einen Engel, der Ismael und seine Mutter sicher durch die Wüste führte und vor dem Verdursten bewahrte.

Als Ismael erwachsen war, erfüllte Gott sein Versprechen und schenkte ihm so viele Kinder, Enkel und Urururenkel, bis sie das Volk der Araber bildeten.

Isaaks Kinder und das Linsengericht

GENESIS 25,19–34

Eines Tages wurde in Abrahams Zelt ein großes Fest gefeiert. Isaak heiratete. Seine Frau Rebekka war jung und schön. Am Abend zog das Brautpaar in sein erstes eigenes Zelt ein und war sehr glücklich.

Rebekka wünschte sich sehr, dass bald schon ein Kind in ihrem Bauch wachsen würde. Auch Isaak wäre gern Vater geworden. Doch leider erfüllte sich dieser Wunsch nicht.

Viele Jahre vergingen. Dann aber wurde Rebekka schwanger, und neun Monate später kamen gleich zwei gesunde kleine Buben auf einmal zur Welt. Zuerst wurde Esau geboren, doch Jakob hielt sich an der Ferse seines Bruders fest und war fast gleichzeitig da.

»Zwei schöne Kinder«, sagten die Leute, als die stolzen Eltern ihnen die Neugeborenen zeigten. »Echte Zwillinge. Aber ähnlich sehen sie sich überhaupt nicht.«

Das stimmte. Esau, der Erstgeborene, hatte eine raue Haut, beinahe wie ein Fell. Jakobs Haut fühlte sich zart an.

Als die Jungen heranwuchsen, nahm Isaak seinen Sohn Esau mit in den Wald und auf die Jagd. Er lehrte ihn, mit Pfeil und Bogen zu schießen und so manches Tier nach Hause mitzubringen. Jakob hingegen blieb lieber bei der Mutter und lernte

von ihr das Kochen und Backen. So wurde Esau das Lieblingskind seines Vaters und Jakob das seiner Mutter.

Einmal kam Esau von der Jagd. Hungrig lief er zu Jakob in der Küche. Es duftete köstlich nach Linseneintopf mit Speck. Esau lief das Wasser im Mund zusammen. »Bruder«, rief er und schob rasch einen Teller neben den Kochtopf. »Ich habe Hunger wie ein Bär. Gibst du mir etwas zum Probieren?«

Jakob grinste. »Nur gegen Bezahlung.«

»Von mir aus«, meinte Esau und griff nach dem Schöpflöffel. »Was willst du denn dafür?«

»Dein Erstgeburtsrecht«, antwortete Jakob schnell. »Ich will, dass von nun an ich der Erstgeborene bin und nicht du.«

»Wenn's weiter nichts ist«. Esau lachte. »Meinetwegen. Und jetzt her mit der leckeren Suppe.«

»Erst musst du's schwören«, verlangte Jakob und schob den Topf hinter seinen Rücken. »Schwöre, dass du mir für ein Linsengericht dein Erstgeburtsrecht gibst.«

»Ja, ja, ja, ich schwör's!«, antwortete Esau noch immer lachend, schnappte sich den Topf vom Herd und machte sich voll Heißhunger über die Linsen her.

Jakob lachte auch. Aber nicht, weil er so lustig mit Esau gestritten hatte. Er lachte, weil das Erstgeburtsrecht viel mehr war als nur die Frage, wer zuerst auf die Welt gekommen war. Wer zuerst geboren war, hatte das Recht auf das väterliche Erbe. Alles, was der Vater besaß, würde nach dessen Tod von nun an Jakob und nicht mehr Esau gehören. Das fand Jakob sehr zum Lachen.

Jakob und die große Lüge

GENESIS 27,1–28,5

Als Isaak alt und fast blind geworden war, ließ er seinen ältesten Sohn Esau zu sich rufen. »Geh auf die Jagd und bringe mir ein schönes Stück Fleisch. Ich möchte einmal noch mein Lieblingsessen genießen. Danach will ich dir dein Erbe übergeben und Gott bitten, dich immer zu beschützen.«

Esau küsste seinen Vater auf die Stirn und eilte sofort in den Wald.

Isaaks Frau Rebekka aber hatte alles gehört und gesehen und rief Jakob herbei. »Hier, zieh Esaus Fellkleider an, damit du dich so rau anfühlst und so riechst wie er. Dein Vater ist fast blind und kann dich nicht sehen. Wenn er dich berührt und deinen Geruch einatmet, wird er dich für Esau halten. Ich bereite inzwischen sein Lieblingsessen zu. Das wirst du ihm bringen, ehe Esau von der Jagd zurück ist.«

Alles geschah, wie Rebekka es geplant hatte. Als Isaak aufgegessen hatte, streckte er die Hände nach seinem Sohn aus. Er fühlte das Fell und roch den Duft von Wald und Wild. Da lächelte er und legte seinem Sohn die Hand auf den Kopf. »An deiner rauen Haut und an deinem Geruch erkenne ich dich. Du bist mein Esau, mein erstgeborener Sohn. Von nun an sollst du alles haben, was ich besitze, und für unsere Familie sorgen. Gott soll dir dabei helfen und dich vor allem Bösen beschützen.«

Esau war außer sich vor Wut und Enttäuschung, als er davon erfuhr. »Jakob, du gemeiner Kerl!«, schrie er und hätte seinen Bruder am liebsten umgebracht.

Doch Rebekka ging schnell dazwischen. »Streitet euch nicht, meine Kinder. Geht euch eine Weile aus dem Weg, ihr Brüder. Dann wird alles gut.«

Zornig stampfte Esau davon. Was geschehen war, war nicht mehr zu ändern.

Jakob sah ihm ängstlich nach. »Das vergibt er mir nie, Mutter. Und wenn Vater erfährt, dass wir ihn überlistet haben, wird alles noch viel schlimmer. Ich muss hier weg. Aber wohin?«

»Hab keine Angst, mein Sohn«, beruhigte ihn Rebekka. »Lass mich nur machen.«

Leise trat sie an Isaaks Bett. »Wir sind alt, mein lieber Gemahl«, sagte sie und nahm seine Hand. »Unser Sohn Jakob sollte endlich heiraten. Ich möchte, dass er zu meinem Bruder Laban reist und sich eine Frau sucht. Was meinst du dazu?«

Isaak nickte. »Das ist eine gute Idee, liebe Frau. Schick Jakob zu mir, damit ich mit ihm zusammen beten und Gott bitten kann, immer bei ihm zu sein. Mit diesem Segen kann Jakob reisen und heiraten.«

Bald darauf machte sich Jakob auf die Reise.

Jakob und die Himmelsleiter

GENESIS 28,10–22

Auf dem weiten Weg zu seinem Onkel Laban wurde Jakob sehr müde. Deshalb suchte er sich einen schattigen Platz, um zu rasten. Ein glatter Stein war sein Kopfkissen, sein Mantel die Decke. Bald schlief er unter dem funkelnden Sternenhimmel ein und begann zu träumen.

Eine Leiter stand vor ihm. Die war so hoch, dass sie von der Erde bis in den Himmel reichte. Viele leuchtende Engel stiegen auf den Sprossen vom Himmel zur Erde herunter und wieder hinauf. Ganz oben an der Spitze der Leiter aber stand Gott. Jakob blickte ihn staunend an und hörte Gott sagen: »Ich bin der Gott, an den dein Vater Isaak und dein Großvater Abraham glauben. Ich verspreche dir, dass das Land, auf dem du jetzt liegst, eines Tages dir und deinen Kindern gehören soll. Überall, wohin du gehst, bin ich bei dir.«

Als Jakob aufwachte, dachte er lange an seinen Traum von der Himmelsleiter und an Gottes Worte. Er fand alles so wunderbar, dass er es nie vergessen wollte. Deshalb stellte er den Stein, auf dem er geschlafen hatte, als Denkmal auf und rieb die Spitze mit kostbarem Duftöl ein. So wurde der Stein zu einem Altar. Dann kniete er davor nieder und gelobte: »Wenn der Gott meines Vaters und Großvaters wirklich auf mich aufpasst und mich gesund nach Hause zurückkehren lässt, will ich hier an dieser Stelle ein Gotteshaus bauen. Dann soll der Gott meiner Väter auch mein Gott sein.«

Mit neuer Kraft wanderte Jakob weiter und freute sich, bald schon bei seinem Onkel zu sein.

Jakob und seine Familie
AUS GENESIS 29–33

Endlich kam Jakob bei seinem Onkel Laban an. Als Erste sah er seine Cousine Rahel. Sie war eine Hirtin und brachte ihre Herde zum Brunnen, um die Tiere trinken zu lassen. Voller Freude begrüßten sie einander, und bald schon feierte die ganze Familie das Wiedersehen mit einem großen Fest.

In der nächsten Zeit half Jakob seinem Onkel, wo er konnte. Aber in Wirklichkeit blieb er, weil ihm die schöne Rahel so gut gefiel. Sie hatte schwarzes Haar und ihre Augen glänzten wie Sterne. Wenn sie lachte, blieb niemand traurig. Und wenn sie tanzte, schien sie wie ein Engel im Kreis zu schweben.

Am liebsten hätte Jakob Rahel sofort geheiratet. Aber ihr Vater erlaubte es nicht. »Rahel ist zu jung zum Heiraten«, sagte er. »In sieben Jahren ist sie alt genug. Wenn du so lange auf sie warten willst, kannst du hierbleiben und für mich arbeiten.«

»Für Rahel ist mir nichts zu viel«, rief Jakob und freute sich.

Die sieben Jahre vergingen schnell, weil Jakob sich jeden Tag auf die Hochzeit mit Rahel freute. Doch als endlich der Hochzeitstag kam, machte Labans ältere Tochter ein großes Geschrei: »Ich bin die Erstgeborene, Vater. Es ist mein Erstgeburtsrecht, dass ich zuerst einen Mann bekomme. Rahel kann erst nach mir heiraten. So ist das Gesetz.«

Da sperrte Laban seine jüngere Tochter Rahel ein und gab seiner älteren Tochter Lea das Brautkleid. »Zieh es an und lege den Brautschleier so dicht um dich, dass niemand dich erkennt. Dann wird auch Jakob sicher nicht merken, wer du bist.«

Tatsächlich sah Jakob erst nach der Hochzeit, dass er die Falsche geheiratet hatte. »Warum hast du das getan?«, schrie er seinen Schwiegervater an. »Ich habe dir wegen Rahel sieben Jahre treu gedient. Warum hast du sie mir nicht gegeben?«

»Weil es bei uns Sitte ist, dass die Ältere vor der Jüngeren heiraten muss«, entschuldigte sich Laban. »Es ging nicht anders, Jakob. Das musst du verstehen. Aber ich habe eine Idee.«

»Und welche?«, fragte Jakob.

»Du weißt doch, dass ein Mann mehrere Frauen heiraten darf«, grinste Laban und zog Jakobs Kopf zu sich heran. So konnte er ihm besser ins Ohr flüstern. »Wenn du weitere sieben Jahre umsonst für mich arbeitest, sollst du auch Rahel zur Frau haben. Gib mir die Hand darauf und alles ist gut.«

Jakob war wütend. Aber er hatte Rahel so lieb, dass er Ja sagte.

So kam es, dass Jakob eine Frau bei seinem Onkel Laban suchte, aber zwei fand und heiratete.

Gemeinsam mit seiner ganzen Familie kehrte Jakob nun in sein Heimatland zurück. Unterwegs traf er seinen Bruder Esau und versöhnte sich mit ihm. An der Stelle, an der er im Traum die Himmelsleiter erblickt hatte, baute er ein Gotteshaus für den Gott seiner Väter. Dieser Gott sollte für immer auch sein Gott sein.

Josef, der Träumer

GENESIS 37,1–11

Jakob und seine beiden Frauen bekamen zusammen zwölf Söhne und eine Tochter. Josef, der elfte, und Benjamin, der zwölfte und jüngste, waren Jakobs Lieblingssöhne, weil sie die Kinder seiner Lieblingsfrau Rahel waren. Seinen Sohn Josef aber liebte Jakob am meisten. Er verwöhnte ihn sehr. Deshalb konnten die älteren Brüder Josef nicht leiden und spielten ihm viele böse Streiche. Josef aber verriet alles dem Vater. Dadurch wurde die Wut seiner Brüder nur noch schlimmer.

Als Josef ein junger Mann geworden war, schenkte ihm der Vater einen wunderschönen Mantel zum Geburtstag. Darin sah er viel vornehmer aus als seine älteren Brüder, die jeden Tag mit den Herden auf den Weiden waren, im Wald auf die Jagd gingen oder auf den Äckern schufteten. Neidisch sahen sie ihn an und wünschten sich, der Vater würde auch ihnen einmal so ein herrliches Geschenk machen. Josef aber dachte, dass er etwas Besseres als seine Brüder wäre.

Wenn er ihnen auf dem Feld bei der Ernte helfen sollte, legte er sich lieber faul in den Schatten und hielt Mittagsschlaf. Einmal träumte er, wie die Brüder und er große Garben aus frisch geschnittenem Korn zusammenbanden und aufstellten. Dabei richtete sich seine Garbe stolz und prächtig in die Höhe, die armseligen Garben seiner Brüder aber mussten sich tief vor ihr verneigen.

»Du Spinner«, schimpften die Brüder, als Josef ihnen seinen Traum erzählte. »Meinst du etwa, du wärest unser König? Los, an die Arbeit, du Faulenzer, sonst machen wir dir Beine.«

Ein andermal träumte Josef, er sei oben am Himmel und die Sonne, der Mond und elf Sterne hätten sich vor ihm verbeugt. Diesmal wurde sogar der Vater zornig, als Josef ihm ganz aufgeregt davon vorschwärmte. »Was willst du uns mit so einem albernen Traum sagen? Bildest du dir ein, dein Vater, deine Mutter und deine Brüder müssten sich allesamt vor dir auf den Boden werfen?«

Josef antwortete nicht. Aber seine Brüder lachten.

Josef im Brunnen

GENESIS 37,12–25

Oftmals zogen Josefs ältere Brüder wochenlang mit ihren Herden von einem guten Futterplatz zum nächsten. Das war schwere Arbeit. Nur Josef durfte immer zu Hause bleiben und dem Vater Gesellschaft leisten.

»Dieses faule Papasöhnchen!«, schimpften seine Brüder über Josef, wenn sie unter sich waren. »Wir schuften uns krumm, und dieser Nichtsnutz liegt im schönsten Zelt auf weichen Teppichen. Als ob er etwas Besseres wäre als wir.«

»Er macht sich ja nur beliebt bei unserem Vater, indem er ihm Lügen über uns erzählt.«

»Genau. Aber wenn er diesmal wieder angeschlichen kommt und uns ausspionieren will, soll es ihm schlecht ergehen.«

»Am besten gehen wir mit den Herden so weit weg, dass er uns gar nicht erst findet«, meinte der Älteste.

Damit waren alle einverstanden und sie zogen weit fort.

Die Zeit verging, und Vater Jakob begann, sich Sorgen um seine Söhne und seine Tiere zu machen. Wenn er Reisende oder andere Hirten nach ihnen fragte, schüttelten sie nur den Kopf oder zuckten mit den Schultern. Keiner wusste etwas, niemand hatte etwas von seinen Söhnen gehört oder gesehen.

»Höre, Josef«, sagte Vater Jakob schließlich zu seinem Lieblingssohn. »Ich möchte, dass du dich gleich morgen früh aufmachst und nach deinen Brüdern und unseren

Herden suchst. Wenn du sie gefunden hast, komm schnell zurück. Berichte mir, wie es ihnen geht und ob alles in bester Ordnung ist.«

Josef hatte zwar keine Lust dazu, aber er gehorchte und machte sich bei Sonnenaufgang auf den Weg. Zuerst fand er die Brüder nicht. Sie waren immer schon mit den Herden weitergezogen, wenn er an einem ihrer Lagerplätze ankam. Endlich aber entdeckte er sie in der Nähe eines großen runden Brunnens und lief ihnen rufend und winkend entgegen.

Die Brüder erkannten ihn schon von Weitem an seinem schönen bunten Mantel, den ihm der Vater geschenkt hatte. »Der traut sich wirklich zu uns her«, riefen sie untereinander. »Wir wussten doch, dass er irgendwann kommt und uns nachspioniert! Nur damit er uns wieder beim Vater verpetzen kann.«

»Wir sollten ihn windelweich klopfen!«

»Ach was, am besten schlagen wir ihn tot und sagen dem Vater, ein wildes Tier hat ihn gefressen.«

Als der älteste Bruder die anderen so reden hörte, bekam er große Angst. Er fürchtete, dass sie Josef tatsächlich etwas Böses antun würden. »Hört auf! Ihr wollt doch nicht wirklich unseren Bruder umbringen.« Entsetzt blickte er einen nach dem anderen an. »Josef ist ein Verräter und Dummschwätzer. Aber er ist trotzdem unser Bruder. Wenn ihr ihm unbedingt eine Lehre erteilen wollt, dann lasst ihn

uns da hinten in den ausgetrockneten Brunnen werfen. Da kann er über seine Gemeinheiten nachdenken, bis ihn jemand wieder herauszieht.«

»Ha, ha, ha!«, lachten alle. »Gute Idee. Das machen wir.«

Der Älteste lachte auch. Aber insgeheim nahm er sich vor, Josef sofort zu retten, wenn die anderen mit den Herden am frühen Morgen weitergezogen waren. »Eine Nacht im Brunnen wird ihm schon nicht schaden«, dachte er. »Wenigstens können die anderen ihm da unten nichts Schlimmes antun.«

Josef sah, wie seine Brüder zuerst in seine Richtung schauten, dann die Köpfe zusammensteckten und plötzlich laut lachten. Am liebsten wäre er schnell wieder weggerannt. Es machte ihm Angst, wie sie ihn anstarrten. Aber er dachte an den Vater zu Hause und wie sehr er auf eine Nachricht von den Brüdern und Herden wartete. Also nahm er seinen ganzen Mut zusammen und ging weiter auf seine Brüder zu.

»Ich soll euch vom Vater fragen, wie es euch und den Tieren geht«, rief er ihnen so laut er konnte entgegen.

»Und warum?«, schrie einer der Brüder zurück.

»Er macht sich Sorgen, weil ihr so lange weg seid.«

»Du lügst!«, brüllte ein anderer Bruder. »Du bist doch bloß hergekommen, damit du dem Vater wieder mal etwas Schlechtes über uns sagen kannst und er uns bestraft. Aber diesmal wird es dir nicht gelingen, du Papasöhnchen.«

Und schon packten sie Josef, rissen ihm seinen Mantel herunter und stießen ihn in den Brunnen hinein. Dann rannten sie lachend davon und schlugen ihr Lager so weit entfernt auf, dass sie den Brunnen fast nicht mehr sahen.

Josef hatte sich bei dem Sturz in den tiefen Brunnen wehgetan. Zuerst konnte er sich gar nicht bewegen. Er sah nur die hohen Wände um sich herum und ein kleines Stück blauen Himmel über sich. Und er fürchtete sich sehr. Als er aufstehen konnte, rief er nach seinen Brüdern und weinte bitterlich. Doch seine Brüder halfen ihm nicht. Da versuchte er, an den Steinen in der Brunnenwand hochzuklettern. Aber sie waren glitschig, sodass er immer wieder abrutschte und kein Stückchen nach oben kam.

»Jetzt kann nur noch Gott mir helfen«, dachte Josef. Er kniete nieder, faltete die Hände und begann, aus tiefster Seele zu beten.

Josef wird verkauft

GENESIS 37,25–35

Es wurde schon Abend, als Josefs Brüder am Horizont eine große Staubwolke erblickten. »Wer mag das sein?«, wunderten sie sich und bekamen Angst, denn es gab viele Räuber in der Gegend. Schnell rannte einer von ihnen einen kleinen Hügel hinauf. Von dort aus konnte er besser sehen, was sich in der Staubwolke versteckte. Er legte die Hand an die Stirn, und jetzt erkannte er es: Ein Tier mit einem langen Hals und Höckern auf dem Rücken trampelte näher. Dann noch eins und noch eins und zuletzt ganz viele, immer eins hinter dem anderen, in einer langen, langen Reihe. Zuvorderst und neben der Reihe ritten Männer in bunten Mänteln. Die Tiere trugen schwere Säcke und dicke Beutel auf dem Rücken.

»Kamele«, jubelte der Bruder von dem Hügel herunter und legte beide Hände wie einen Trichter um den Mund, damit die anderen ihn bei den Herden hören konnten. »Es sind Kamele. Und Händler. Eine Karawane.«

»Sie wollen zum Brunnen«, stellten die Brüder fest. »Sie wollen die Kamele tränken.«

»Aber da ist kein Wasser. Da ist nur Josef.«

»Was sollen wir ihnen sagen, wenn sie ihn finden? Er wird uns verraten. Und dann geht es uns schlecht.«

»Ich weiß es.« Der dickste Bruder hatte eine Idee. »Wir holen ihn raus und verkaufen ihn an die Händler. Die brauchen doch immer Gefangene, die sie zum Arbeiten an Reiche verkaufen können. Wir sagen einfach, er ist ein Dieb und wollte unsere Tiere klauen. Dann nehmen sie ihn mit und wir bekommen sogar noch Geld für ihn. Und Josef merkt endlich mal, wie es ist, wenn er für andere schuften muss, statt zu faulenzen.«

»Einverstanden. – Gut so. – Besser, als ihn da unten im Brunnen verdursten zu lassen«, redeten alle durcheinander und rannten mit einem langen Seil zum Brunnen.

Josef war so erschöpft, dass er nur mit Mühe an dem Seil aus dem Brunnen klettern konnte. Er hatte keine Kraft, sich zu wehren. Seine Brüder fesselten ihm die Hände und verbanden ihm den Mund, damit er nicht reden konnte. Er sah, wie einer der Händler einem seiner Brüder zwanzig Silberstücke gab. Dann musste Josef dem Händler folgen und an einem langen Seil hinter einem Kamel in der Karawane mitlaufen. Aber er hatte keine Angst. »Gott hat mein Leben gerettet«, dachte er. »Er wird mich beschützen.«

Von alledem hatte der älteste Bruder nichts bemerkt. Er hatte in den Hügeln nach einem verlorenen Schaf gesucht. Erst spät, als die anderen schon um das Lagerfeuer herum schliefen, kehrte er zurück. Vorsichtig setzte er das Schaf bei den anderen Tieren ab und schlich zum Brunnen.

»Josef!«, rief er leise in den dunklen Brunnenschacht. »Josef, wach auf. Ich lasse dir ein Seil herunter. Komm, schnell, steig heraus und lauf nach Hause.«

Doch Josef antwortete nicht.

Stattdessen tauchte einer der anderen Brüder hinter dem Ältesten auf. »Wenn du Josef suchst, der ist nicht mehr da«, grinste er. »Wir haben den Verräter verkauft. Jetzt soll er sehen, wie es ist, wenn man arbeiten muss.«

»Verkauft?« Der älteste Bruder konnte es kaum glauben. »Was sollen wir denn jetzt unserem Vater sagen?«

»Das lass mal unsere Sorge sein«, sagte der andere Bruder. »Wir haben den Mantel zerrissen und einen unserer Hirten damit nach Hause geschickt. Er soll den Vater fragen, ob das Josefs Mantel ist. Der Vater wird denken, dass Josef von einem Tier gefressen wurde.«

Der Hirte kam ein paar Tage später zu den Brüdern zurück. Er berichtete, dass Vater Jakob sich die Haare gerauft und laut um seinen Lieblingssohn geweint habe, als er den zerrissenen Mantel sah. Da freuten sich die Brüder. Nur der älteste schämte sich sehr.

Josef kommt nach Ägypten

GENESIS 39,1–20

Josef wurde in das Land Ägypten gebracht und an einen Mann namens Potifar verkauft. Dieser arbeitete für den mächtigen König von Ägypten, den Pharao. Potifar mochte Josef, denn Josef beklagte sich über keine Arbeit. Bald schon durfte Josef sich wie ein freier Mann in Potifars Haus bewegen und wichtige Aufgaben erledigen.

Wenn nur die Frau des Potifar nicht gewesen wäre. Ständig ließ sie nach Josef rufen. Dann sollte er sie bedienen und alles für sie tun, was sie wollte. Da Josef von

Potifar gekauft worden war, musste er ihr gehorchen. Sonst hätte sie ihn bestrafen lassen. Einmal verlangte sie, dass er sie küssen und streicheln sollte. Da riss er sich von ihr los und rannte weg.

So etwas war der verwöhnten Frau des Potifar noch nie passiert. Wütend stampfte sie mit dem Fuß. »Josef, komm sofort zurück!« Doch Josef rannte nur noch schneller davon.

Sofort eilten von allen Seiten Diener herbei, um der Frau des Potifar zu helfen. Andere rannten hinter Josef her. Bald hatten sie ihn geschnappt und führten ihn zu Potifar, der soeben nach Hause gekommen war.

Ehe Josef ein Wort sagen konnte, warf sich die Frau des Potifar ihrem Mann an die Brust. »Mein liebster Mann. Gut, dass du wieder da bist. Stell dir nur vor, dieser Josef wollte mir etwas antun. Er wollte, dass ich ihn küsse und streichle. Du musst ihn bestrafen.«

Josef wollte reden und sagen, wie es wirklich gewesen war. Er hatte ja nichts Böses getan. Doch Potifar war rot vor Zorn. »Wachen! Ab mit Josef ins Gefängnis. Kettet ihn an die Wand. Er soll seine Strafe bekommen.«

»Nein, Herr, glaub ihr nicht. Sie lügt«, schrie Josef.

Doch Potifar und seine Frau waren schon fort und die Wachen schlossen die Tür hinter ihm zu.

Josef im Gefängnis

GENESIS 39,21–40,23

Im Gefängnis war es schrecklich. Josef war mit einem dicken Eisenring an die Gefängniswand gekettet. Zum Schlafen hatte er ein schmutziges Bündel Stroh. Und nur einmal am Tag brachte eine Wache ihm etwas Wasser und Brot oder eine dünne Suppe.

Trotzdem blieb Josef freundlich und ruhig. Er betete viel und vertraute auf Gott.

Bald schon merkte der Oberaufseher, dass Josef anders als die anderen Gefangenen war. Zuerst redete er ein wenig mit ihm. Dann brachte er ihm etwas Besseres zu essen. Und zuletzt meinte er: »Versprich mir, keinen Ärger zu machen. Dann kannst du mir helfen, das Essen auszuteilen.«

»Das verspreche ich«, antwortete Josef schnell. »Niemals werde ich dir Ärger bereiten.«

Da schloss der Oberaufseher Josefs Fußfessel auf und schickte ihn mit dem Brotkorb und dem großen Suppentopf zu den anderen Gefangenen. Einige Zeit später machte er Josef sogar zu seinem Gehilfen.

Josef ging nun von einem Gefangenen zum anderen. Er prüfte die Fesseln und sorgte dafür, dass alle frisches Stroh für ihr Schlaflager bekamen. Dabei lernte er zwei Männer kennen, die erst kurze Zeit im Gefängnis waren. »Wer seid ihr? Und warum seid ihr hier?«, fragte er sie.

Da gab sich einer als Obermundschenk zu erkennen, der im Palast für den Weinkeller gesorgt hatte. Der andere war der Oberbäcker, der für Brot und Kuchen zuständig gewesen war. Eines Tages hatten dem Pharao der Wein und der Kuchen nicht mehr geschmeckt. Und schon waren die beiden Männer im Gefängnis gelandet. »Es ist furchtbar hier unten«, klagten sie. »Wir haben dauernd Albträume.«

Josef blickte sie mitleidig an. »Was träumt ihr denn so Schlimmes?«

»Ach«, seufzte der Obermundschenk, »ich träumte von einem Weinstock mit drei Reben. Sie waren köstlich und reif. Also habe ich sie schnell gepflückt und den Saft in einen Becher gepresst. Damit ging ich zum Pharao. Doch bevor ich sehen konnte, ob ihm der Saft mundete, wachte ich auf. Was hat dieser Traum wohl zu bedeuten?«

Josef dachte eine Weile nach. »Die drei Weinreben sollen dir sagen, dass du noch drei Tage im Gefängnis bleiben wirst. Dann wird der Pharao dich rufen lassen und du wirst wieder sein guter Obermundschenk sein.«

»Wenn das wahr ist«, rief der Obermundschenk, »sorge ich dafür, dass auch du freikommst, Josef.«

Josef lächelte. »Vergiss es aber nicht. Und sage dem Pharao, dass ich unschuldig bin und der Frau des Potifar nichts getan habe.«

»Verlass dich auf mich!«, sagte der Obermundschenk.

Der Oberbäcker hatte neugierig zugehört. »Kannst du meinen Traum auch deuten, Josef?«, fragte er.

»Vielleicht. Wie war denn dein Traum?«

»In meinem Traum trug ich drei Körbe mit knusprigem Brot, süßen Plätzchen und köstlichen Torten auf dem Kopf. Wie ich aber auf den Hof hinaustrat, um in die Gemächer des Pharao zu gelangen, da flatterten plötzlich viele Vögel um mich herum und pickten mit ihren Schnäbeln alles weg.«

Josef überlegte wieder eine Weile. Dann setzte er sich neben den Oberbäcker und legte ihm einen Arm um die Schultern. »Du musst jetzt ganz tapfer sein. Dein Traum bedeutet, dass der Pharao dir nicht verziehen hat. Bete zu Gott. Er wird dich trösten.«

Drei Tage später wurde der Obermundschenk tatsächlich aus dem Gefängnis abgeholt und durfte wie früher seinem Pharao den Wein servieren. Der Oberbäcker aber blieb im Gefängnis. Auch für Josef änderte sich nichts. Der Obermundschenk hatte ihn nämlich sofort vergessen.

Josef und der Pharao
GENESIS 41,1–46

Josef war nun schon sehr lange im Gefängnis. Aber er glaubte fest daran, dass Gott ihn beschützen würde. Ansonsten hätte er diese Zeit gar nicht ausgehalten. Eines Tages kam ein Diener des Pharao und winkte ihm, mitzukommen. Als er in den Thronsaal geführt wurde und vor dem Pharao niederkniete, sprach dieser ihn freundlich an: »Ich habe gehört, dass du ein guter Traumdeuter bist. Stimmt das, Josef?«

»Gott erklärt mir, was ein Traum bedeutet«, antwortete Josef vor Angst so leise, dass der Pharao die Ohren spitzen musste.

»Also ist Gott schuld, wenn es nicht klappt.« Der Pharao lachte, und alle seine Diener lachten mit. Nur Josef nicht. Ihm war nicht nach Lachen zumute.

»Nun gut. Lass hören, was Gott dir erklären will.« Der Pharao winkte die Diener fort und beugte sich zu Josef vor. »In meinem ersten Traum stand ich am Ufer des Nil. Sieben schöne Kühe weideten dort. Doch plötzlich humpelten sieben magere Kühe aus dem Wasser und fraßen die schönen auf.«

Der Pharao sah Josef lange an, der aber kein Wort von sich gab. Da fuhr der Pharao fort: »In meinem zweiten Traum fand ich einen schönen geraden Getreidehalm. Daran wuchsen sieben herrlich goldene Ähren voll dicker reifer Körner. Gleich daneben aber stand ein zweiter Halm mit sieben dürren Ähren, in denen kein einziges Korn gediehen war. Und die leeren Ähren verschlangen die vollen.«

Josef hatte aufmerksam zugehört. »Durch deine beiden Träume will Gott dir sagen, dass jetzt sieben gute Jahre für dein Reich kommen und danach sieben schlechte. In den guten Jahren wird das Vieh schön und fett sein. Das Korn wird prächtig auf den Feldern stehen. In den sieben

schlechten Jahren aber werden deine Untertanen alles aufessen und großen Hunger leiden.«

Josef schwieg. Der Pharao saß vor Zorn so steif wie ein Stock auf seinem goldenen Thron. »Willst du mir etwa weissagen, dass mein Volk verhungern und mein Reich zugrunde gehen wird?«

Josef fühlte sein Herz laut schlagen. Er meinte, sogar der Pharao müsste es hören. Trotzdem hob er den Kopf und sah dem Pharao fest in die Augen. »Nein, das will Gott dir nicht sagen. Er hat dich durch mich warnen lassen. Jetzt weißt du, was passieren wird, wenn du nicht auf dein Volk aufpasst. Deshalb kannst du dich nun auf die sieben schlechten Jahre vorbereiten und dein Volk retten.«

»Und wie soll das gelingen?«, fragte der Pharao.

»Lege in den sieben guten Jahren reiche Vorräte an und baue Scheunen, in denen du sie sicher lagern kannst. Dann hast du in den sieben schlechten Jahren genug, um dein Volk und dich selbst vor dem Verhungern zu schützen.«

Der Pharao dachte lange nach. »Einen besseren Traumdeuter und einen klügeren Ratgeber als dich gibt es nicht, Josef. Wer dich an seiner Seite hat, hat Gott an seiner Seite, denn Gottes Stimme spricht aus dir.«

Feierlich legte er Josef eine schwere Goldkette um den Hals, dann wandte er sich zu seinen wichtigsten Beratern um. »Damit ernenne ich Josef, Sohn des Jakob, zu meinem wichtigsten Berater. Nur ich, der Pharao, stehe über ihm und bin mächtiger als er.«

Die goldene Kette funkelte im Sonnenlicht. Und obwohl Josef die schmutzigen, stinkenden Lumpen aus dem Gefängnis anhatte, verbeugten sich alle Berater des Pharao vor ihm bis auf den Boden.

Josef und seine hungrigen Brüder

GENESIS 42–45

Sieben wunderbare Jahre vergingen. Josef und der Pharao wurden gute Freunde. Gemeinsam regierten sie das Reich Ägypten und legten große Vorräte für die sieben schlechten Jahre an, von denen der Pharao geträumt hatte.

Eines Tages begann die Sonne immer glühender vom Himmel zu scheinen. Die Bäche und Brunnen trockneten aus. Das Korn auf den Feldern verdorrte, und die Tiere auf den Weiden verdursteten. Die sieben schlechten Jahre waren da! Bald schon brachen überall in den Nachbarländern Hungersnöte aus. Nur im Reich des Pharao hatten alle von den großen Vorräten aus den sieben guten Jahren genug zu essen und zu trinken.

Von überall her reisten Händler an, um Korn zu kaufen, auch Josefs ältere Brüder. Nur Benjamin, Josefs jüngerer Bruder, war bei ihrem Vater Jakob zu Hause geblieben. Die zehn anderen traten vor Josef, erkannten ihn aber nicht. Sie legten ihre leeren Vorratssäcke vor ihm nieder und baten darum, Korn kaufen zu dürfen.

Josef erinnerte sich daran, wie gemein sie zu ihm gewesen waren. Sie hatten ihn in einen Brunnen geworfen und wie einen Dieb verkauft. Jetzt sollten sie ihre Strafe bekommen. »Wachen!«, rief er und winkte ein paar starke Soldaten herbei. »Werft diese Männer ins Gefängnis. Sie sind Betrüger, die unsere Vorratskammern ausrauben wollen.«

»Nein, das stimmt nicht«, schrien die Brüder. »Wir sind ehrliche Leute. Wir haben nichts Schlimmes getan.« Doch Josef hörte nicht zu.

Erst drei Tage später ließ er seine Brüder aus dem Gefängnis holen. »Mir ist zu Ohren gekommen, dass Jakobs Söhne noch einen anderen Bruder haben. Reitet also zurück und bringt ihn her. Wenn ihr ehrliche Leute seid und nichts zu befürchten habt, wird er mitkommen. Einen von euch behalte ich hier. Er muss sterben, wenn ihr nicht alle mit eurem jüngsten Bruder zurückkommt.«

So schnell die Esel laufen konnten, ritten die Brüder nach Hause zurück, um Josefs Befehl zu überbringen. Doch ihr Vater Jakob schüttelte den Kopf. Er wollte seinen jüngsten Sohn auf keinen Fall fortlassen.

Erst als die letzten Vorräte aufgebraucht waren und der Hunger unerträglich wurde, gab Jakob endlich nach. »Ehe ihr alle sterben müsst, schicke ich euch lieber zum Pharao. Dort gibt es Vorräte im Überfluss. Sogar den Gefangenen gibt man zu

essen und zu trinken. Also werdet auch ihr überleben. Geht mit Gott und kommt so schnell wie möglich gesund zu mir zurück.«

Bald schon trafen die Brüder am Hof des Pharao ein und ließen sich zu Josef bringen. »Hier sind wir, Herr«, sagten sie und schoben Benjamin vor. »Das ist unser jüngster Bruder. Er ist mitgekommen. Nun siehst du, dass wir keine Betrüger, sondern ordentliche Leute sind. Wir wollen wirklich nur etwas zu essen kaufen. Lass bitte unseren Bruder aus dem Gefängnis frei.«

Josef spürte, wie Tränen in seine Augen stiegen. Seine gemeinen Brüder hatten sich verändert. Sie hielten zusammen und halfen einander. Das war ein schönes Gefühl. Sogleich ließ er den gefangenen Bruder frei. Am liebsten hätte Josef sich ihnen auch sofort zu erkennen gegeben, aber zuerst wollte er sie nochmals auf die Probe stellen.

Als alle müde auf ihre Schlafteppiche gefallen waren, ließ Josef die Vorratssäcke seiner Brüder füllen und versteckte heimlich seinen besten Silberbecher darin. Kaum aber hatten die Brüder sich am nächsten Morgen verabschiedet und sich mit ihren schwer bepackten Eseln auf den Heimweg gemacht, schickte Josef ihnen die Wachen hinterher.

»Halt!« Mit klirrenden Waffen versperrten sie den Brüdern den Weg. »Öffnet eure Vorratssäcke. Unser Herr vermisst seinen Silberbecher. Nur ihr könnt ihn gestohlen haben. Wer von euch hat zuletzt daraus getrunken?«

»Ich«, sagte Benjamin. »Aber ich habe ihn nicht gestohlen.«

»Und was ist das?« Einer der Wächter hielt einen wunderschön verzierten Silberbecher hoch. »Ist der etwa nicht hier in diesem Sack gewesen?«

Da weinte Benjamin laut. »Ich war es nicht. Ich habe das nicht getan. Ich bin kein Dieb. Ihr müsst mir glauben.«

Trotzdem musste er den Wachen folgen. Und alle seine Brüder ritten ihnen nach.

Josef sah, wie aufgeregt seine Brüder waren. Sie ließen Benjamin nicht im Stich. Da freute er sich sehr. Jetzt wusste er ganz sicher, dass diese Männer nicht mehr seine gemeinen Brüder von früher waren. Sie waren wirklich zu guten Brüdern geworden.

Rasch ließ er seine Brüder in den Thronsaal führen. Angstvoll verbeugten sie sich vor ihm, bis nur noch Josef aufrecht vor ihnen stand.

»Erinnert ihr euch noch an den Traum von den Garben, den euer Bruder Josef hatte? Dass seine Garbe in der Mitte stand und eure Garben sich vor ihm verneigten?«, fragte Josef.

»Ja…aaa, wi… wir e… erinnern uns«, stotterten die Brüder. »Aber wo… woher weißt du das, Herr?«

»Ich weiß es, weil ich Josef bin.«

Die Brüder erschraken bis ins Herz. Dieser mächtige Mann sollte ihr Bruder Josef sein? Der, den sie verkauft hatten? O weh, jetzt würde es ihnen ganz bestimmt schlecht ergehen.

Der älteste Bruder fasste sich zuerst. »Josef«, rief er und sprang auf, um Benjamin schützend hinter seinen Rücken zu schieben. »Benjamin kann nichts dafür. Bestrafe uns, aber nicht ihn. Lass ihn zu unserem Vater gehen. Der Vater braucht ihn. Er

stirbt, wenn Benjamin nicht mehr wiederkommt.«

Josef lächelte. Fest nahm er Benjamin in den Arm und danach alle seine älteren Brüder. »Habt keine Angst. Seid mir willkommen. Ich bin euch nicht mehr böse. Unser Vater wird auch bald hier sein, ich habe einen Boten zu ihm geschickt. Kommt und feiert mit mir, dass wir uns endlich wiederhaben. Ihr meintet es damals zwar schlecht mit mir, aber Gott machte alles gut.«

Von nun an waren Josef und seine Brüder unzertrennlich. Sie blieben mit ihrem Vater in Ägypten und bekamen viele, viele Kinder, Enkel und Urururenkel und nannten sich das »Volk Israel«.

Baby Mose

EXODUS 1,1–2,10

Eines Tages versammelten sich die Berater des Pharao vor dem Thron. »Herr, diese Zugewanderten in unserem Land, die sich das Volk Israel nennen, werden immer mehr und immer reicher«, klagten sie. »Das ist nicht gut, Herr, glaube uns. Wenn noch mehr von ihnen geboren werden, werden sie uns eines Tages aus dem eigenen Land vertreiben. So weit darf es nicht kommen. Du musst etwas gegen sie unternehmen, Herr.«

»Und was? Was soll ich tun?« Nachdenklich schaute der Pharao seine Berater an.

»Nimm ihnen ihren Besitz weg und erkläre sie zu Gefangenen. Sie müssen dann für uns, die echten Ägypter, umsonst arbeiten«, schlugen einige der Berater vor.

»Befiehl deinen Soldaten, allen Israeliten ihre neugeborenen Söhne wegzunehmen«, rieten andere. »Dann kann das Volk Israel endlich nicht mehr größer werden. Und Ägypten gehört wieder uns Ägyptern allein.«

»Ihr habt mich immer gut beraten«, antwortete der Pharao. »Deshalb soll alles so geschehen, wie ihr es vorschlagt.«

Ausgerechnet zu dieser Zeit wurde der kleine Mose geboren. Seine Eltern liebten ihn sehr und hatten große Angst, dass die Soldaten des Pharao ihn finden und mitnehmen würden. Deshalb beschlossen sie, andere Eltern für das Baby zu finden.

»Es müssen aber echte Ägypter sein«, sagte die Mutter und begann, einen Babykorb zu flechten. »Nur bei ihnen ist unser Liebling sicher. Niemand nimmt echten Ägyptern ihre Kinder weg.«

»Wo willst du denn echte Ägypter finden, die unseren kleinen Sohn zu sich nehmen?« Der Vater wiegte das Baby in den Armen. Er wollte gar nicht daran denken, dass er sich von ihm trennen sollte. »Das ist eine schlechte Idee. Wir sind seine Eltern. Wenn die Soldaten kommen, werden wir ihn beschützen.«

»Sie sind viel stärker als wir«, wusste die Mutter es besser. »Wir können unser Kind nur retten, wenn wir es bei den Ägyptern in Sicherheit bringen.« Tapfer wischte sie ihre Tränen ab und bettete Mose in das neue Körbchen. Sie hatte es mit Baumharz bestrichen. Jetzt war es wasserdicht wie ein winziges Boot. Mose passte genau hinein.

»Komm«, sagte sie und nahm ihren Mann am Arm. »Lass uns hinunter zum Fluss schleichen und unser Kind an der Badestelle verstecken, an der die reichen Ägypterinnen schwimmen gehen.«

»Niemals!« Erschrocken drückte der Vater Mose mitsamt dem Körbchen an sich. »Er wird ins Wasser fallen und ertrinken.«

Die Mutter schüttelte den Kopf. »Vertrau mir. Es wird alles gut gehen. Seine Schwester Miriam passt auf ihn auf. Sie weiß, was zu tun ist.«

Sie eilten zum Flussufer. Mitsamt dem Körbchen mit dem kleinen Mose versteckten sie sich im hohen Schilf, das neben der Badestelle der reichen Ägypterinnen wuchs.

Bald schon näherte sich die Tochter des Pharao mit ihrer Dienerin. Sie prüfte mit der Zehenspitze, wie kalt das Wasser wäre. Da schoben die Eltern das Babykörbchen vorsichtig aus dem Schilf. Langsam schaukelte es mit den flachen Wellen auf die Badestelle zu.

Die Dienerin erblickte es zuerst. »Herrin, seht doch nur, ein Baby. Ganz allein im Wasser. Bestimmt hat es jemand ausgesetzt. Ist es nicht süß?«

»Schnell, fische es heraus«, rief die Tochter des Pharao. »Wir wollen es mitnehmen. Bestimmt hat es Hunger.«

»Wir werden eine Frau brauchen, die das Baby stillen kann, eine Amme«, meinte die Dienerin. Sie zog das Körbchen mit dem ruhig schlafenden Kind aus dem Wasser.

Als Mose in Sicherheit war, schob die Mutter Miriam hinter dem Schilf hervor und sagte: Jetzt tu alles, wie wir es besprochen haben.«

Miriam hatte Herzklopfen vor Angst, aber sie sprang schnell auf die Badestelle zu und verbeugte sich tief vor der Tochter des Pharao. »Verzeih mir, Herrin, wenn ich störe. Ich habe Krebse im Schilf gefangen und

zufällig gehört, dass du eine Amme suchst. Wenn du willst, kann ich schnell eine holen. Meine Mutter hat gerade ein Baby bekommen, das leider gestorben ist. Sie hat bestimmt genug Milch für euer Findelkind.«

»Gut«, stimmte die Tochter des Pharao zu. »Wenn sie das Baby bei sich aufnimmt, soll sie belohnt werden. Später soll der Kleine dann bei mir im Palast wohnen.«

So kehrte Mose wieder zu seinen Eltern zurück. Er wuchs glücklich mit ihnen und seinen Geschwistern auf, bis er groß genug war, um in den Palast einzuziehen und ein Prinz zu werden.

Mose und der brennende Dornbusch

EXODUS 2,11–6,13

Mose wurde ein vornehmer ägyptischer Prinz. Er besaß einen eigenen Palast mit vielen Dienern, Pferden und Kamelen. Wenn er aus dem Haus ging, verbeugten sich alle tief vor ihm. Trotzdem war Mose in seinem Herzen kein Ägypter. Er sah, wie die Israeliten im Steinbruch schuften mussten. Andere rackerten sich auf den Feldern ab. Frauen gruben Ton aus Tongruben und formten Ziegel für die vielen Baustellen im Land. Männer und Kinder schleppten Holzstämme und anderes Baumaterial heran. Kleinere Kinder liefen den ganzen Tag in einem Holzgestell um die tiefen Brunnenschächte herum, um Wassereimer zu füllen und hochzuziehen. Wer nicht gehorchte oder zu langsam war, wurde von den Aufsehern mit der Peitsche geschlagen. Und zu essen oder zu trinken gab es immer zu wenig.

Der Anblick machte Mose traurig und oftmals wütend. Er erinnerte sich nämlich gut an die Geschichten über Gott und Abraham und seine Söhne, die ihm als kleines Kind von seiner Mutter erzählt worden waren. Gott hatte versprochen, alle Nachkommen Abrahams zu beschützen. Trotzdem waren sie nun Gefangene der Ägypter.

Einmal sah Mose, wie ein Ägypter einen Israeliten verprügelte. Er versuchte, dem armen Mann zu helfen. Das ging furchtbar schief, denn am Ende lag der Ägypter tot am Boden. Das hatte Mose nicht gewollt. Was sollte er jetzt nur tun? Schnell begrub er den Toten und floh in die Wüste und immer weiter weg. Zuletzt kam er in ein Bergland, wo ihn keiner kannte. Bald fand er eine Arbeit als Hirte, heiratete eine nette Frau und hatte es gut.

Eines Tages aber geschah etwas Seltsames. Mitten auf einem Berg brannte ein Dornbusch. Mose rannte schnell dorthin, um das Feuer zu löschen. Da stellte er fest, dass die Flamme nur leuchtete, aber nichts verbrannte. Und plötzlich ertönte eine Stimme darin: »Ich bin der Gott deines Vaters, der Gott Abrahams, der Gott Isaaks und der Gott Jakobs.«

Vor Schreck verbarg Mose sein Gesicht in den Händen. Er tat so, als hätte er nichts gehört. Doch Gott hatte einen Auftrag für ihn: »Geh zum Pharao und befreie mein Volk Israel aus der Gefangenschaft.«

Mose fasste sich ein Herz und blickte zu der Stimme in der Flamme auf. »Wie stellst du dir das vor? Wer bin ich denn, dass ich dem Pharao befehlen kann?«

»Ich will dir Macht dazu geben«, sprach Gott. »Wirf zuerst deinen Hirtenstab zu Boden, stecke sodann deine Hand in die Manteltasche und schütte zuletzt das Wasser des Nils auf die Erde. Danach erfülle meinen Befehl.«

Mose jammerte trotzdem weiter. »Die Israeliten werden mir gar nicht erst zuhören. Ich kann nicht so gut sprechen. Sie werden mich auslachen, wenn ich zu erzählen anfange. Bitte, schick einen anderen, nicht mich.«

Gottes Stimme wurde laut und mächtig. »Ich bin Gott und habe dir deinen Mund gegeben. Und durch deinen Mund will ich reden. Aber nimm deinen älteren Bruder Aaron mit. Er ist schon unterwegs zu dir. Er soll für dich sprechen. Und nun pack deinen Hirtenstab und mach dich auf den Weg.«

Da gehorchte Mose und zog mit zitternden Knien los. Erst als er seinen älteren Bruder erblickte, wurde ihm etwas wohler zumute. Rasch erzählte er ihm, was Gott befohlen hatte. Da legte sein Bruder ihm den Arm um die Schultern, und so traten sie gemeinsam vor das Volk Israel.

»Seht alle her«, rief Aaron. »Das ist mein Bruder Mose. Gott schickt ihn, um unser Volk aus der Gefangenschaft bei den Ägyptern zu befreien. Kommt her und tut, was Mose sagt.«

»Ha, ha, ha, hört den Spinner«, lachten die Leute und glaubten ihm nicht.

»Gott hat Mose Wunderkräfte verliehen«, schrie Aaron und gab Mose ein Zeichen.

Wie Gott es befohlen hatte, warf Mose seinen Hirtenstab auf den Boden und »Zisch!« ringelte sich eine dicke Schlange auf dem Boden.

66

»Zauberei!«, schimpften die Leute. »Alles Schwindel. Das ist doch kein Wunder Gottes. Das Biest steckte ganz bestimmt im Stock. Haut bloß ab, ihr Betrüger.«

»Nein«, widersprach Aaron. »Ihr müsst uns glauben. Gott will es.«

»Ja, das ist wahr. Schaut, wie Gott meine Hand kreideweiß färbt, wenn ich sie in meine Manteltasche stecke, und sie wieder rosa macht, wenn ich sie herausziehe«, rief Mose und führte das Wunder gleich mehrmals vor.

Doch die Leute verspotteten ihn nur noch lauter.

»Ihr Dummköpfe«, schimpfte Aaron. »Mose will euch retten, und ihr? Ihr glaubt ihm nicht. Kommt mit zum Nil. Gott wird euch durch Mose ein drittes Wunder zeigen.«

Neugierig liefen die Leute Aaron und Mose nach. Als Mose in den Nil hinausschritt und Wasser in seinen Mantelrock schöpfte, setzten Väter ihre Kinder auf die Schultern. Kleinere Erwachsene drängten sich vor. Alle wollten ganz genau sehen, was Mose tat. Kein Wort war zu hören, als Mose wieder ans Ufer trat, seinen Mantel ausschüttelte und das eben noch klare Nilwasser auf einmal rot wie Blut auf die Erde tropfte.

»Oh«, staunten die Leute. »Ah! Ein Wunder, ein Gotteswunder!«

»Glaubt ihr uns jetzt?« Aaron und Mose schauten in alle Gesichter.

»Ja«, nickten die Leute. »Jetzt glauben wir euch.«

Zuletzt eilten Mose und Aaron weiter zum Pharao, um auch ihm den Willen Gottes mitzuteilen. »Lass unser Volk ziehen«, baten sie. »Es ist der Wille Gottes.«

Aber der Pharao lachte nur. »Warum sollte ich das tun? Ich wäre schön verrückt, wenn ich euch gehen ließe. Eure Leute sollen lieber mehr arbeiten. Und ihr zwei verschwindet, sonst lasse ich euch auspeitschen!«

Zornig lief Mose in die Wüste hinaus und schüttelte die Faust zum Himmel hinauf. »Gott, warum hast du mich geschickt? Der Pharao lässt unser Volk doch niemals frei.«

»Ich habe meinen eigenen Plan«, sprach Gott. »Der Pharao wird euch gehen lassen. Vertraue mir. Ich will ihm andere Wunder schicken. Er soll für alles bestraft werden, was er meinem Volk angetan hat. Du aber geh nochmals zu ihm und sieh, was geschehen wird.«

Mit neuer Zuversicht stützte Mose sich auf seinen Hirtenstab und stapfte durch den Wüstensand zum Palast des Pharao zurück.

Mose und die Bestrafung des Pharao

EXODUS 7,14–12,51

Mose trat zum zweiten Mal vor den Pharao und verlangte: »Im Namen Gottes, lass das Volk Israel frei!« Der Pharao lachte aber wieder nur. »Was geht mich dein Gott an? Hau ab, du Schwätzer, ehe ich dich ins Gefängnis werfen lasse!«

In diesem Moment geschah etwas, was es nie zuvor gegeben hatte: Das gesamte Wasser des mächtigen Flusses Nil wurde zu Blut. Menschen und Tiere konnten es nicht mehr trinken. Und zum Bewässern der Felder eignete es sich auch nicht mehr.

Voller Angst rannten die Ägypter zum Palast und riefen: »Hilf uns, Pharao! Wir verdursten.«

»Das ist Gottes Strafe, weil du mein Volk nicht gehen lässt«, sagte Mose. »Er wird dir noch viele andere Plagen schicken, wenn du nicht gehorchst.«

Doch der Pharao unternahm nichts. »Ist das Wasser von selbst rot geworden, wird es auch von selbst wieder normal«, spottete er und nahm einen großen Schluck Wein aus seinem Becher. Doch was war das? Was zappelte denn da plötzlich in seinem Mund? Was sprang auf der Zunge herum und schmeckte wie Schlick mit Schlamm?

»Ein Frosch, ein Frosch«, schrien die Bediensteten, als der Pharao den Mund aufriss und das grüne Zappelding auf seinen prachtvollen Mantel spuckte.

Ehe der Pharao auch nur »Iiiih!« kreischen konnte, sprangen, hüpften, zappelten von überall her immer mehr Frösche herbei. So viele waren es, dass man den Fußboden nicht mehr sah. Auf allen Sesseln und Liegen wimmelte es. Sogar auf dem Kopf des Pharao hockte ein fetter Quaker.

»Wachen!«, wütete der Pharao. »Schmeißt diese Biester raus. Sofort!«

Aber draußen sah es noch schlimmer aus als im Palast. Millionen Frösche tummelten sich in den Straßen und Gassen. Sie sprangen auf allen Feldern und Äckern herum, füllten Häuser und Brunnen. Und wer nicht aufpasste, dem hüpften sie sogar in den Mund.

Der Pharao wurde rot wie eine reife Tomate. Wütend stampfte er auf, dass seine goldenen Pluderhosen flogen, und er schrie: »Mose, wenn dein Gott es schafft, den Nil wieder rein zu machen und diese Quaker zu verjagen, soll er seinen Willen haben.«

Er hatte kaum ausgesprochen, schon strömte der Nil so braun in seinem Bett dahin wie immer. Und »Quak, Quak, Quak!« hopste das Heer der Frösche so schnell davon, wie es gekommen war.

»Jetzt bist du an der Reihe«, sagte Mose. »Jetzt musst du das Volk Israel freilassen.«

»Muss ich das?« Der Pharao lachte schon wieder. »Ich bin der Pharao. Ich muss gar nichts, wenn ich nicht will. Und ich will nicht. Also hau ab, Mose, und lass dich nicht wieder blicken.«

In diesem Moment flogen unzählige Stechmücken heran. Tausende stachen Menschen und Vieh, bis alle krank wurden. Danach kamen beißendes Ungeziefer und Heuschrecken. So viele waren es, dass es am Tag so dunkel wie in der Nacht wurde. Drei Tage lang konnte niemand die Sonne sehen. Und immer noch gab der Pharao nicht nach.

Jetzt hatte Gott keine Geduld mehr mit dem Pharao. »Mose«, sprach Gott, »ich werde den Pharao schwer bestrafen, weil er so frech und ungehorsam war. Du aber geh und sage meinem Volk, dass der Tag der Rettung da ist. Alle sollen das Nötigste einpacken. Morgen früh ist es so weit, der Pharao wird euch gehen lassen.«

Und tatsächlich! Als die Sonne aufging, machte sich das Volk Israel in einer langen, langen Reihe hinter Mose auf den Weg in die Freiheit und sang vor Glück.

Mose befreit das Volk Israel

EXODUS 13,17–14,31

»Mose, wohin bringst du uns? Weißt du überhaupt den Weg? Wann sind wir endlich da?« Männer, Frauen, Kinder, alle fragten und fragten.

Mose schwirrte schon der Kopf. Auf seinen langen Hirtenstab gestützt blieb er stehen und zeigte zum Himmel. »Seht ihr die Wolke, die wie eine Säule am Himmel steht? Das ist der Wegweiser Gottes. Er führt uns. Also kommt und beeilt euch.«

Zufrieden liefen alle hinter Mose und der Wolkensäule her.

Doch als es dunkel wurde, fingen sie wieder an zu fragen. »Mose, wie weit ist es denn noch? Mose, was machen wir bloß, wenn wir die Wolke nicht mehr sehen können? Wir werden uns verlaufen. Die Löwen werden uns fressen.«

Mose schüttelte nur den Kopf. »Gott ist mit uns. Ihr werdet schon sehen.«

Und wirklich. Kaum ging die Sonne unter, fing die Wolkensäule am Himmel wie eine Fackel zu leuchten an. Ohne zu zögern folgte Mose ihrem Licht, und das Volk Israel ging ihm nach.

Sie wanderten die ganze Nacht. Am Morgen hörten sie ein Rauschen in der Ferne. Wind trug ihnen den Geruch von Salzwasser entgegen. Über dem Horizont glitzerte

es wie von Silber und Edelsteinen. Sie waren am Meer angekommen. In der Ferne konnten sie das andere Ufer erkennen.

»Mutter, schau doch, ein Stück Himmel ist auf die Erde gefallen«, rief ein Kind, und alle lachten, denn das Meer war tatsächlich himmelblau, und die Strahlen der Morgensonne funkelten auf den Wellen. Es sah wundervoll aus.

Doch was war das? Der Sand unter den Füßen schien plötzlich zu beben. Etwas donnerte wie ein Gewittersturm heran. Staub stieg auf. Waffen klirrten. Hufe trommelten. Pferde wieherten. Die Streitwagen der Soldaten des Pharao kamen. Jetzt erkannten Mose und das Volk Israel es ganz genau: Der Pharao wollte sie wieder einfangen.

»Mose, hilf uns! Tu was! Rette uns!« Angstvoll brüllten alle durcheinander.

Mose fürchtete sich auch. Aber er stand ganz still und betete. Da hörte er, wie Gott zu ihm sprach: »Nimm deinen Stab und strecke ihn weit übers Meer hinaus.«

Mose gehorchte. Plötzlich kam ein starker Wind auf. So stark blies er, dass er das Meer teilte und eine breite trockene Spur, wie eine Straße, auf dem Meeresboden entstand. »Lauft!«, schrie Mose und winkte das Volk Israel ins Meer hinein. »Lauft!«

Ohne zu zögern rannten alle los. Lieber wollten sie ertrinken als wieder Sklaven des Pharao sein. Doch der Meeresboden verschlang sie nicht. Im Gegenteil, er war fest und trug. Wie blaue Wände stand das Wasser zu beiden Seiten der trockenen Spur. Und der Wind blies und blies. Den Flüchtenden kam es so vor, als würden sie von ihm zum rettenden Ufer getragen. Dort angekommen, sprangen sie schnell aus dem Meer heraus und versteckten sich im Schilf und in den Dünen.

Mose war als Letzter zurückgeblieben. Aus einem Augenwinkel sah er den Vordersten der Soldaten des Pharao auf sich zureiten. Er hielt eine lange Lederpeitsche in der Hand. Gleich würde er sie auswerfen. Wie eine Schlange würde sie sich um Moses Hals legen. Das durfte nicht geschehen. Verzweifelt schleuderte Mose dem Reiter eine Handvoll Sand in die Augen und rannte auf der trockenen Spur ins Meer.

Hinter sich hörte er die wütend brüllenden Soldaten und die Streitwagen des Pharao. Als er den Kopf zurückdrehte, sah er Waffen blitzen. Speere zischten hinter ihm her, trafen Mose aber nicht. Viele blieben rechts und links in den Wasserwänden stecken. Die Räder der Streitwagen stießen an verborgene Steine im Grund und brachen. Die Pferde blieben im weichen Meeresboden stecken. Die Soldaten kamen in ihren schweren Rüstungen nicht vorwärts. Niemand konnte Mose einholen.

Als er zuletzt auf der sicheren Seite stand, zeigte er wieder mit seinem Stab über das Meer. Der Wind verstummte. Mit einem einzigen lauten Rauschen schloss sich das Meer. Und die trockene Spur verschwand wieder.

Dankbar kniete Mose sich in den Sand, und hinter ihm betete das Volk Israel mit. »Endlich frei. Gelobt sei Gott.«

Mose und die Zehn Gebote

EXODUS 19,1–20,21

Lange wanderten die Geretteten durch die Wüste. Gott versorgte sie mit Wasser und reichlich zu essen. Jeden Abend schlugen sie ihr Nachtlager auf und schliefen ohne Angst, denn sie wussten, dass Gott sie beschützte.

Auch am Berg Sinai machten sie Rast. Hoch ragte er vor ihnen auf. Wolken umhüllten den Gipfel. Es sah aus, als reichte die Spitze des Berges bis in den Himmel.

Die Kinder suchten Holz für ein Lagerfeuer. Die Frauen und Männer bauten die Zelte auf. Alle gaben aus ihren Vorräten etwas zum gemeinsamen Essen dazu. Manche sangen, andere machten Scherze. Nur Mose half nicht mit. Er spürte, dass Gott ihn auf dem Berggipfel erwartete, und stieg hinauf.

»Gut, dass du da bist, Mose«, hörte er Gott sagen. »Ich will mit euch allen einen Bund schließen. Wenn ihr tut, was ich euch sage, will ich immer bei euch sein und euch beschützen. Alles wird gut werden. Richte den Israeliten aus, dass drei Tage lang niemand mehr auf diesen Berg steigen darf. Nach diesen drei Tagen werde ich euch meine Gesetze geben, die ihr immer befolgen sollt.«

Am dritten Tag brach ein schreckliches Gewitter aus. Der Berg Sinai rauchte und bebte wie ein Vulkan. Alle hatten Angst, auch Mose. Am liebsten hätte er mit den anderen in den Zelten auf besseres Wetter gewartet. Trotzdem eilte er, so rasch er konnte, hinauf auf den Berggipfel.

Gott fing sofort an, mit Mose zu reden. 40 Tage und Nächte erklärte Gott Mose seine Gesetze. Am Ende gab er ihm zwei große Steintafeln. Darauf standen die zehn wichtigsten Gebote:

1. Ich bin dein Gott. Du sollst keinen anderen Gott anbeten.
2. Bete keine Bilder von Gott an, denn sie sind nicht Gott.
3. Ehre den Namen Gottes. Darum benutze ihn nicht, um zu fluchen.
4. Ehre den siebten Tag, an dem Gott ruhte, als er die Welt erschuf.
   An diesem Tag sollst auch du ruhen.
5. Ehre deinen Vater und deine Mutter, denn sie sind dir von Gott gegeben.

6. Ehre das Leben, denn Gott hat es geschenkt. Deshalb sollst du niemanden töten.
7. Ehre den Menschen, den du lieb hast. Du sollst ihm treu sein.
8. Du sollst nicht stehlen.
9. Du sollst keine Lügen über andere verbreiten.
10. Du sollst nicht neidisch sein und nicht haben wollen, was anderen gehört.

»Durch diese Gesetze schließe ich einen Bund mit euch«, sagte Gott. »Sie sollen euch zeigen, was ihr tun müsst, damit ich immer mit euch bin.«

Der Tanz um das Goldene Kalb

AUS EXODUS 32–34

Während Gott mit Mose sprach, wurde das Volk Israel ungeduldig. »Wo Mose nur bleibt? Wer weiß, was mit ihm passiert ist«, meinten einige. »Vielleicht kommt er nie wieder.« Andere riefen: »Ohne Mose wissen wir nicht, wohin Gott uns führen will. Wir brauchen Götter, die vor uns herziehen und uns den Weg zeigen.« Zuletzt liefen sie zu Aaron, dem Bruder Mose, und verlangten: »Mose ist weg und Gott mit ihm. Mach uns neue Götter, zu denen wir beten können.«

»Also gut«, willigte Aaron ein. »Bringt mir euren goldenen Schmuck. Ihr sollt euren neuen Gott haben.« Bald hatte Aaron das Gold geschmolzen. Er ließ ein goldenes Kalb daraus machen und stellte es auf einen Altar.

Jubelnd tanzten die Leute darum herum und riefen: »Freue dich, Volk Israel, das ist dein Gott, der dich aus der Gefangenschaft befreit hat.«

Sie riefen und sangen so laut, dass Gott und Mose es auf dem Berg Sinai hörten. Da wurde Gott zornig, weil die Israeliten einen falschen Gott anbeteten. Er wollte sein treuloses Volk bestrafen. Doch Mose bat so lange, bis Gott es sich anders überlegte und Mose mit den beiden Gesetzestafeln zurück ins Tal schickte.

Mose sprang mit Riesenschritten den Berg hinunter. Unten angekommen sah er, wie die Leute tanzten und feierten und dem falschen Gott Opfer auf dem Altar darbrachten. Da wurde er furchtbar wütend. Er ließ die beiden Gesetzestafeln fallen, die in tausend Stücke zersplitterten. Dann schnappte er sich das Goldene Kalb. Mit einem Griff schleuderte er es mitten in ein Lagerfeuer, wo es sofort in einer großen roten Flamme zerschmolz.

Erschrocken blieben alle stehen und starrten den wütenden Mose an. »Habt ihr vergessen, dass es nur einen Gott gibt?«, schimpfte er. »Wie konntet ihr nur so dumm sein, dieses Kalb anzubeten? Ausgerechnet jetzt, wo Gott einen ewigen Bund mit uns geschlossen hat und uns für immer beistehen will.«

»Woher sollten wir das wissen?«, fragte ein Mann mit einem langen weißen Bart. »Du warst weg. Keiner hat es uns gesagt.«

»Wo warst du überhaupt so lange?«, rief eine Frau und drückte ihr Baby an die Brust, das vor Schreck laut weinte. »Wir dachten, du und dein Gott, ihr habt uns hier mitten in der Wüste alleingelassen. Wir wussten nicht, was wir tun sollten.«

»Da bekamen wir Angst und haben uns einen neuen Gott gemacht«, redeten alle durcheinander und weinten vor Freude, dass Mose wieder da war.

»Ihr habt einen schrecklichen Fehler begangen«, sagte Mose. »Aber ich sehe, dass es euch leidtut. Deshalb will ich nochmals zu Gott auf den Berg steigen und ihn für euch um Verzeihung bitten. Wartet auf mich und hütet euch, wieder Dummheiten zu machen.« Beschämt schaute das Volk Israel Mose nach.

Abermals vergingen Tage um Tage. Aber endlich war das Warten zu Ende. Mit großen Schritten eilte Mose dem Volk Israel entgegen. »Gott hat euch verziehen«, rief er und winkte alle zu sich. »Kommt, lasst uns seine neuen Gesetze ehren, die er uns gegeben hat.« Da liefen alle Männer, Frauen und Kinder auf Mose zu. Sie setzten sich rund um ihn herum und ließen sich von ihm erzählen, wie Gott ihm erlaubt hatte, zwei neue Steintafeln zu hauen und die Zehn Gebote darauf zu schreiben. Lange erklärte Mose ihnen, was diese Gebote zu bedeuten hatten.

»Mit diesen Geboten schließt Gott einen Bund mit uns«, sagte Mose zuletzt.

»Wer diese zehn Regeln ehrt und befolgt, ist mit Gott und Gott mit ihm.«

»Auf immer und ewig?«, fragte ein Kind.

»Auf immer und ewig.«

Noch lange dachte das Volk Israel darüber nach.

Die Posaunen von Jericho
JOSUA 6

Vierzig Jahre vergingen. Immer noch zog das Volk Israel durch die Wüste. Mose war alt und schwach geworden. Deshalb rief er Josua zu sich, dem er vertraute, und sagte zu ihm: »Führe du nun unser Volk. Das Land, das Gott uns versprochen hat, liegt vor uns. Schau hinunter ins Tal, wo der breite Fluss Jordan fließt. Siehst du die große Stadt an seinem Ufer? Das ist Jericho. Bald werden wir dort wohnen und endlich zu Hause sein. Glaube an Gott, und alles wird gut werden.«

Noch einmal blickte Mose über den Fluss, der sich wie ein glänzendes Band durch das fruchtbare Land schlängelte. Dann starb er.

Josua musste nun allein dafür sorgen, dass es dem Volk Israel gut ging. Vorsichtig ließ er die Stadt auskundschaften. So erfuhr er, dass sie von starken Mauern geschützt wurde. Niemand konnte darübersteigen. Auch die Stadttore waren fest zu. Der König von Jericho ließ sie Tag und Nacht bewachen.

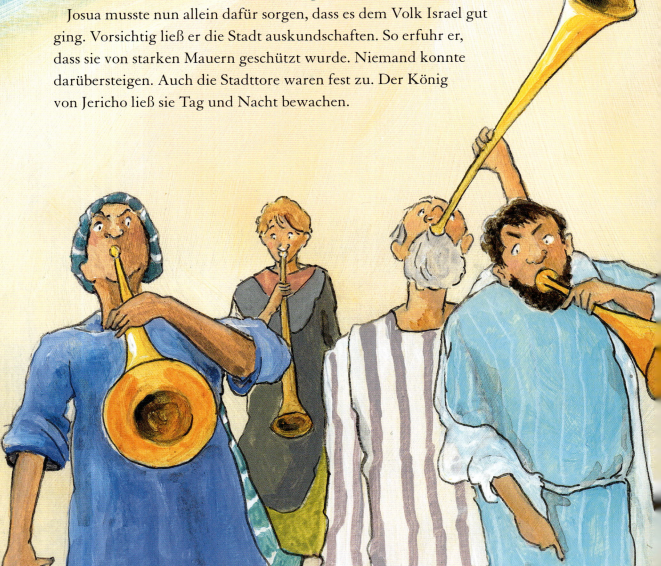

»Lasst uns lieber umkehren«, meinten Josuas Freunde und Berater. »Niemals werden wir diese Stadt erobern.«

Doch Josua schüttelte den Kopf. »Wenn es Gottes Wille ist, wird er uns helfen. Lasst uns beten.«

Da knieten sich alle in den Sand und beteten mit ihm.

Und plötzlich vernahm Josua Gottes Stimme ganz leise am Ohr: »Sechs Tage lang sollst du mit meinem ganzen Volk einmal am Tag um die Mauern von Jericho herumziehen. Sprecht dabei kein Wort, aber nehmt die golden verzierte Kiste mit, in der die zwei Steintafeln mit den Zehn Geboten liegen. Die ganze Zeit sollen die Priester bei diesem Marsch auf Posaunen blasen. Am siebten Tag sollt ihr siebenmal um die Stadtmauern herumgehen und siebenmal sollen die Posaunen erschallen. Wenn sie aber zum siebten Mal blasen, soll das ganze Volk so laut schreien, wie es kann. Dann stürzen die Mauern von Jericho ein.«

Alles, was Gott befohlen hatte, wurde befolgt. Und tatsächlich, als die Posaunen zum siebten Mal am siebten Tag ertönten und alle schrien, krachten und splitterten die Mauern und Tore von Jericho, und das Volk Israel stürmte hinein.

Schon bald besiegte Josua mit seinen Kriegern das ganze Land. Sie bauten Häuser und legten Felder und Weinberge an. Sie züchteten Vieh und fingen Fische. Jedes Jahr brachten sie reichere Ernten ein. Das Volk Israel war endlich zu Hause.

David und Goliat

AUS 1. SAMUEL 8–17

Weil alle anderen Völker ringsum einen König hatten, wollte auch das Volk Israel nicht mehr ohne König sein. Sie wollten einen König, den jeder sehen und hören konnte. Sie wollten einen König, der ein Mensch war. Gott allein genügte ihnen nicht mehr.

»Gott, gib uns einen König.« So beteten die Menschen immer öfter und immer lauter. Da wählte Gott einen Hirten aus, der Saul hieß. Saul wurde der erste König von Israel.

In der ersten Zeit war Saul ein guter König. Er betete zu Gott und befolgte seine Gebote. Aber irgendwann wurde Saul übermütig. Er war jetzt ein König, und ein König war mächtiger als alle anderen. Dauernd führte er Kriege und brachte sein Volk in größte Gefahr. Immer mehr Menschen starben. Die Felder konnten nicht mehr bestellt werden. Die Ernten waren schlecht. Das Volk sehnte sich nach Frieden. Saul bildete sich sogar ein, dass er Gottes Hilfe nicht mehr brauchte.

Da beschloss Gott, bald einen anderen zum König zu wählen, und suchte dafür einen Hirtenjungen aus. Sein Name war David. Er liebte es, auf seine Schafe aufzupassen, und spielte stundenlang auf der Harfe. Dazu sang er Lieder, die meistens von Gott handelten. Eines hieß »Der Herr ist mein Hirte, mir wird nichts mangeln« und war so schön, dass es sogar König Saul gefiel. David spielte es ihm oftmals vor. Die Vorstellung, dass Gott für die Menschen wie ein guter Hirte ist, tat dem alten König gut. Wenn David spielte, dachte Saul daran, dass Gott auf die Menschen aufpasst, sie beschützt und bei ihnen ist, wenn sie Hilfe brauchen.

Eines Tages aber konnte David nicht zum König kommen und ihm Lieder vorspielen. Es herrschte Krieg im Land, und alle jungen Männer zogen aufs Schlachtfeld hinaus. David war noch zu klein, doch seine älteren Brüder waren dabei. Deshalb machte der Vater sich große Sorgen um sie und schickte David zu ihnen. »Schau nach, ob es ihnen gut geht. Hier, bring ihnen etwas zu essen mit. Und hilf ihnen, wenn du kannst.«

David machte sich gleich auf den Weg. Bald schlich er am Rand des Schlachtfeldes entlang, auf dem sich die Soldaten von König Saul und den Feinden gegenüberstanden. »Für uns sieht's ja richtig schlecht aus«, dachte David

erschrocken. »Die Feinde sind ja viel mehr und haben viel bessere Waffen als wir.«

In diesem Augenblick sah er, wie ein riesiger Kerl vor die Reihe der Feinde trat. »He«, brüllte dieser und legte dabei die Hände wie einen Trichter an den Mund. »Wisst ihr da drüben, wer ich bin? Man nennt mich Goliat. Ich bin der Stärkste hier. Und ich fordere euren stärksten Mann zum Zweikampf heraus. Wenn er mich besiegt, habt ihr die Schlacht gewonnen. Besiege ich ihn, seid ihr die Verlierer und euer Land gehört uns.«

David traute seinen Ohren nicht. Hatte dieser Goliat tatsächlich versprochen, den Kampf aufzugeben, wenn er besiegt würde? Warum traten dann die Männer König

Sauls nicht vor? Hatten sie etwa alle Angst? Wollte es keiner wenigstens versuchen?

Tatsächlich! Die Soldaten König Sauls taten alle, als hätten sie nichts gehört. David richtete sich so groß auf, wie er konnte, und sprang auf das Schlachtfeld hinaus. »Du da, du da drüben! Ich bin David. Und ich nehme es mit dir auf.«

Goliat lachte. Viel schlimmer aber war, dass sogar König Sauls Soldaten lachten. »Geh nach Hause, du Knirps«, riefen sie und schoben David vom Schlachtfeld herunter.

Da rannte David los und hielt erst wieder vor König Saul persönlich an. »Ich bin kein Knirps! Ich habe mit Löwen gekämpft und mit Wölfen, die meine Schafe fressen wollten. Ich weiß, wie man mit der Schleuder schießt und trifft. Und ich will es versuchen.«

»Du bist kein Knirps. Du bist ein Kind«, seufzte König Saul. »Aber Gott wird mit dir sein. Also geh und kämpfe für das Volk Israel.«

Schnell suchte David sich eine Handvoll Kieselsteine aus dem Bach und prüfte seine Schleuder, mit der er perfekt treffen konnte. Dann rannte er auf das Schlachtfeld zurück und stellte sich abermals vor Goliat auf. »Da bin ich. Es kann losgehen. Fang an!«

Goliat glaubte es nicht. Er und dieses Kind? Machten die Israeliten sich etwa über ihn lustig? Das durfte doch gar nicht wahr sein. Das konnten sie mit ihm nicht machen! Wütend stampfte er auf David los. Er würde diesen lächerlichen Wicht zerquetschen. Goliats Hand war so groß wie eine Schaufel. Er streckte sie nach David aus, aber trotzdem erwischte er ihn nicht. Goliat spürte nämlich plötzlich einen fürchterlichen Schmerz an seiner Stirn. Dann gaben seine Knie nach, und Goliat krachte in einer Staubwolke zu Boden.

David hielt sicherheitshalber die Schleuder bereit, um einen zweiten Stein zu verschießen. Er trat an Goliat heran. Erst vorsichtig, dann fester stieß er ihn mit der Fußspitze an. Goliat regte sich nicht. David hatte ihn mit seinem Stein an einer nicht gepanzerten Stelle seines Kopfes getroffen. Und er hatte gut getroffen. Goliat war besiegt. Der Kampf war aus. Schon rannten die ersten Feinde davon.

Mit einem Jubelschrei stieß David die Faust in die Luft. »Sieger!«

Lachend ließ er sich von den Soldaten König Sauls in die Luft werfen und von seinen älteren Brüdern auf den Schultern tragen. Und als sie für ihn zu singen begannen: »Saul hat tausend geschlagen, aber David zehntausend«, sang er begeistert mit.

David und Salomo

AUS 1. KÖNIGE 2–8

Als König Saul gestorben war, wurde David König. Er war stark und gerecht und sein Volk liebte ihn. Er erklärte das schöne Jerusalem zu seiner Hauptstadt. Lange Zeit gab es keine Kriege mehr. Das Volk Israel war glücklich und wurde immer größer.

Gott segnete seinen König David mit vielen Kindern. Davids Sohn Salomo war besonders klug und liebte Gott sehr. Darum sollte er nach seinem Vater der neue König von Israel werden.

Als König David alt war und ihm das Regieren zu schwer wurde, ließ er seinen Sohn Salomo zu sich rufen. »Ich werde bald sterben«, sagte er und legte seinem Sohn die Hand auf den Kopf, um ihm für die Zukunft Gottes Hilfe zu wünschen und ihn zu segnen. »Nun ist deine Zeit gekommen, König zu werden. Folge Gottes Geboten und vertraue auf ihn. Dann wirst du ein guter König sein.«

Salomo küsste seinen Vater und versprach, auf Gott zu hören und ihm zu vertrauen.

Eines Nachts hörte Salomo eine Stimme im Traum. »Salomo! Salomo, hier ist dein Gott. Sag mir, was du dir wünschst, wenn du König wirst.«

Salomo erschrak. »Was soll ich mir wünschen, Gott? Ich habe ja schon alles. Aber wenn ich mir wirklich alles wünschen darf, will ich ein weiser und gerechter König werden und mit meinem Volk und meiner Familie glücklich sein.«

»Ich werde dir geben, was du erbeten hast«, antwortete Gott. »Folge meinen Zehn Geboten, und du wirst lange glücklich regieren.«

Einen Tag später starb der alte König David. Salomo folgte seinem Vater auf den Thron. Und weil ein König auch eine Königin braucht, heiratete er eine der schönen Töchter des Pharao von Ägypten. Dadurch wurden das Volk Israel und Ägypten Freunde und konnten endlich ihre alte Feindschaft vergessen. Das war schön.

Ein paar Jahre später war die Schatzkammer König Salomos so voll, dass er einen wunderbaren Tempel in Jerusalem bauen ließ. In dessen Mitte errichtete er einen besonderen Raum, das Allerheiligste. Darin wurde zu Ehren Gottes die goldene Truhe mit den beiden Steintafeln der Zehn Gebote aufgestellt.

Sieben Jahre dauerte es, bis der Tempel endlich fertig war und feierlich eingeweiht werden konnte. Dazu lud Salomo alle Familien ein, die mit Jakob und seinen Söhnen verwandt waren. Man nannte sie die zwölf Stämme Israels.

König Salomo und die richtige Mutter

1. KÖNIGE 3,16–28

Jeder im Land Israel wusste, dass König Salomo weise und gerecht war. Jeden Tag kamen Leute von weit her an seinen Hof, damit er ihnen einen Rat erteilen sollte.

Einmal brachten die Palastwachen zwei Frauen herein, die sich um ein Baby zankten. Beide zerrten an dem Tuch herum, in welches das Kind eingewickelt war. Immer wieder riss es eine der anderen aus den Armen. Jede wollte es haben, und keine wollte es hergeben.

Das klägliche Weinen des Babys machte König Salomo traurig.

»Wache!« Er winkte einen der Palastwächter herbei, die immer neben seinem Thron standen. »Nimm das Kind. Halte es gut fest. Und ihr beiden Frauen erzählt mir, warum ihr euch so furchtbar streitet.«

Eine der Frauen war etwas größer und trug ein blaues Gewand. Sie zeigte wütend auf die andere Frau in einem grünen Gewand. »Wir sind zwei Mütter, Herr

König. Wir sind Nachbarinnen. Und wir hatten beide einen Sohn. Aber der Sohn dieser Frau starb. Eines Nachts stahl diese Räuberin deshalb mein Baby aus seinem Bettchen und nahm es mit. Jetzt will sie mein Kind für sich behalten.«

»Nein, das stimmt nicht!« Aufgeregt schüttelte die andere Frau den Kopf. »Es war genau umgekehrt, Herr König. Sie, die Frau da, diese Diebin hat mein Kind gestohlen. Und jetzt will sie es nicht mehr hergeben.«

Schon wollten die beiden Frauen wieder anfangen, zu schubsen und zu stoßen. Doch König Salomo ließ es nicht zu. »Halt! Aufhören!«

Er winkte einer zweiten Wache. »Die Sache wollen wir schnell geklärt haben. Bring mir mein Schwert.«

»Dein Schwert?« Erschrocken hörte die Frau mit dem grünen Gewand zu streiten auf. »Wozu brauchst du denn dein Schwert?«

König Salomo sah von einer Frau zur anderen. »Ihr könnt euch nicht einigen, wem das Kind gehört. Deshalb muss ich ein Urteil sprechen. Ich beschließe, dass jede von euch das halbe Kind bekommen soll. Wache, nimm das Schwert und schneide das Kind entzwei.«

»Mein Kind zerschneiden? Nein, niemals, halt, das dürft ihr nicht!« Entsetzt schrie die Frau im grünen Gewand auf und versuchte, der Palastwache das Kind zu entreißen.

»Doch, doch, nur zu!«, rief die andere im blauen Gewand dazwischen. »Teilen ist gut. Ich will die Hälfte haben.«

»Alles, nur das nicht!« Voller Verzweiflung warf sich die Frau im grünen Gewand vor König Salomo auf die Knie und flehte ihn an: »Töte das Baby nicht, Herr König. Gib mein Kind der anderen Frau. Aber lass es leben. Ich bitte dich!«

»Jetzt fällt mir das Urteil nicht mehr schwer. Steh auf, gute Frau, dir soll geholfen werden.« König Salomo erhob sich von seinem Thron und half der Frau vom Boden auf.

Er winkte der Palastwache, die noch immer das Baby auf dem Arm trug. »Gib das Kind dieser Frau hier zurück. Sie hat es von Herzen lieb. Sie ist die wahre Mutter.«

Überglücklich nahm die Mutter ihr Baby in die Arme und ging mit ihm nach Hause.

Die andere Frau im blauen Gewand schlich sich beschämt davon.

In Windeseile sprach sich dieses weise Urteil im ganzen Land herum, und alle liebten ihren König Salomo dafür noch mehr als zuvor.

Elia, der weise Prophet Gottes

1. KÖNIGE 18

Nach König Salomos Tod wurde Ahab neuer König von Israel. Seine Königin Isebel glaubte nicht an den Gott Israels, sondern an den Gott Baal mit den Stierhörnern. So kam es, dass bald schon überall Baal-Figuren aus Holz und Stein angebetet wurden. Weise Männer, die man Gottes Propheten nannte, warnten König Ahab. Denn Gott hatte verboten, andere Götter anzubeten. Aber Ahab hörte lieber auf seine Frau.

Einer dieser Propheten hieß Elia. Er war noch jung, aber Gott hatte ihn dazu auserwählt, mit König Ahab zu sprechen. »Ändere dich. Verbiete deiner Frau, ihren falschen Gott Baal anzubeten. Sonst wird Gott zur Strafe eine große Dürre schicken«, warnte Elia Ahab immer wieder.

»Hahaha!«, lachte König Ahab. »Weißt du nicht, dass Baal der mächtigste Wettergott ist? Er kann Donner und Blitze schicken, wann er will. Und wenn er Lust hat, wirft er Feuer und Wasser auf die Erde. Was stört es mich da, wenn dein Gott eine Dürre schickt?«

Wenig später trockneten alle Brunnen, Bäche und Flüsse im Land aus. Das Wasser in den Seen verdunstete. Das Land dörrte aus. Die Pflanzen starben ab. Die Menschen und das Vieh verdursteten.

Der Prophet Elia konnte es nicht mehr länger mit ansehen. Mit großen Schritten stürmte er in den Königspalast und stellte sich dicht vor König Ahabs Thron. »Das hast du nun von deinem falschen Gott. Wenn du dein Volk retten willst, rufe alle für morgen zusammen. Dann wollen wir sehen, wer stärker ist. Dein Gott Baal oder der Gott Israels, der Himmel und Erde erschaffen hat.«

»Von mir aus«, nickte König Ahab. »Wir werden da sein.«

Kaum war die Sonne aufgegangen, befahl Königin Isebel ihren Priestern, zu ihrem Gott Baal zu beten. Er sollte ein großes Feuer auf dem Altar anzünden. Sofort legten die Priester einen ganzen Ochsen auf den Altar. Sie beteten und sangen und tanzten. Sie verbeugten sich und warfen die Arme zum Himmel hoch. Aber nichts geschah. Nicht die kleinste Flamme erschien.

Elia sagte zum König: »Dein Gott hört euch wohl nicht?«

König Ahab wusste nicht, was er antworten sollte. Aber seine Königin war wütend. »Dir wird das Lästern schon noch vergehen, Elia! Zeig erst mal, was dein Gott kann. Dann werden wir ja sehen, wer gewinnt.«

Sofort trat Elia zu seinem Altar. »Seht alle her, ich habe nur nasses Holz für mein Feuer. Und nur ein kleines Lamm als Opfer, um Gott zu danken. Aber er wird es trotzdem annehmen und sich als Flamme zeigen, wie er sich schon früher als Flamme im Dornbusch gezeigt hat.«

Und tatsächlich. Als Elia sich vor den Altar kniete und zu beten begann, ließ Gott Feuer aus dem Himmel regnen. Es verbrannte das nasse Holz und das kleine Lamm, bis nur noch ein winziges Häuflein Asche übrig war.

Da erkannten König Ahab und sein Volk den wahren Gott und wollten nichts mehr von Baal wissen. So wurde alles gut.

Daniel und die wundersame Schrift an der Wand

DANIEL 5

Daniel war ein Traumdeuter. Er war in Jerusalem geboren, lebte aber als Gefangener in Babylon. Obwohl man in Babylon zu Baal, dem Gott mit den Stierhörnern, betete, glaubte Daniel immer noch an Gott den Schöpfer, den Gott Israels.

Eines Abends konnte Daniel nicht schlafen. König Belsazar gab ein Fest. Laute Musik und viele Stimmen erfüllten den Palast. Durch einen Türspalt beobachtete Daniel, wie der König die kostbarsten Becher aus der Schatzkammer holen ließ, die einst aus dem Tempel in Jerusalem geraubt worden waren. Jetzt ließ er seine Gäste daraus trinken. Dabei stießen sie miteinander an und riefen: »Prost! Ein Hoch auf unseren großen Gott Baal.«

Daniel war wütend. Am liebsten hätte er dem König tüchtig die Meinung gesagt. Aber als er die Tür zum Festsaal öffnete, wäre er vor Schreck fast umgefallen. An der Wand über dem König erschien ein Finger, ein riesengroßer Finger, der leuchtende Buchstaben schrieb.

»Mene mene tekel u-parsin«, flüsterte Daniel und rannte auf der Stelle in sein Zimmer zurück. Er verstand die wundersame Schrift an der Wand. Und er hatte Angst, denn es war eine Nachricht für den König, und keine gute.

Obwohl Daniel sich die Bettdecke über die Ohren zog, hörte er, wie der König seine Sterndeuter und Wahrsager holen ließ. Er vernahm auch, wie die königlichen Wachen einen nach dem anderen wieder aus dem Palast warfen. »Verschwindet! Wofür bezahlt euch der König, wenn ihr doch nichts könnt?«, schrie einer ihnen nach. Da wusste Daniel, dass keiner die Leuchtschrift an der Wand verstanden hatte. Bestimmt würden die Wachen jetzt gleich kommen, um auch ihn zu holen.

»Hilf mir, Gott«, betete Daniel. »Schenke mir Mut, damit ich mich traue, dem König deine schlimme Botschaft zu überbringen.«

»He, du, Daniel aus Jerusalem, mach auf. Du sollst sofort zum König kommen.« Die Wachen! Sie waren da.

Daniel hatte gerade noch Zeit, sich einen Umhang über sein Nachthemd zu werfen, dann wurde er an den Armen gepackt, und die Wachen führten ihn zum König.

»Du hast mich rufen lassen, Herr König.« Daniel legte eine Hand aufs Herz und verbeugte sich, bis der König ihm das Zeichen gab, sich wieder gerade hinzustellen.

»Du warst der Lieblingssterndeuter meines Vaters.« Die schwarzen Augen des Königs starrten Daniel an. »Jetzt sollst du mir zeigen, was du kannst. Erkläre mir, was diese Schrift an der Wand bedeutet. Kannst du es, sollst du mein oberster Berater werden.«

In diesem Moment fühlte Daniel, wie seine Angst verging. Gott war mit ihm. Das spürte er auf einmal ganz genau. Mutig erwiderte er den Blick des Königs. »Eine Belohnung brauche ich nicht. Es ist mir eine Ehre, dir das Rätsel zu lösen, denn mein Gott will es so. Es steht dort geschrieben, dass du kein guter König warst und dein Reich schon bald ein anderer König regieren wird.«

»So eine Frechheit!«, schimpften die Wächter des Königs und wollten Daniel sofort ins Gefängnis werfen lassen. Doch der König ließ es nicht zu. »Ich glaube ihm. Bringt ihm einen purpurroten Mantel und legt ihm eine Goldkette um. Daran soll jeder ihn als meinen wichtigsten Berater erkennen.«

Als Daniel am nächsten Morgen erwachte, zitterte der Himmel über Babylon von den Hörnern und Trompeten des Königs von Persien. Darius war gekommen, um Babylon zu erobern. Die wundersame Schrift an der Wand war Wahrheit geworden.

Daniel in der Löwengrube

DANIEL 6

Darius wurde der neue König von Babylon. Er erfuhr von seinen Untertanen, dass seine Ankunft mit einer leuchtenden Schrift an der Wand angekündigt worden war. »Einer der Israeliten aus Jerusalem hat die Schrift vorgelesen und geweissagt, was passieren wird«, sagten sie. »Er heißt Daniel.«

König Darius ließ Daniel rufen und erhob ihn zu seinem Berater. So einen klugen Mann wollte er unbedingt in seiner Nähe haben. Daniel enttäuschte ihn nicht. Bald schon musste er immer beim König sein.

Neidisch sahen die anderen Berater ihm nach, wenn Daniel durch den Palast ging oder an der Tafel des Königs speiste. »Der Kerl muss weg«, flüsterten sie untereinander. »Wenn er weg ist, wird der König uns wieder brauchen. Dann haben wir es endlich gut.«

»Ich weiß auch schon, wie wir es machen können.« Einer der Berater legte den anderen die Arme um die Schultern und zog ihre Köpfe ganz nah zu sich. Eifrig redete er auf die anderen ein. Zuletzt schlugen sie sich lachend in die Hände und machten sich davon.

Ein paar Tage später traten die Berater vor König Darius. »Herr, wir wollen, dass du unser neuer Gott bist. Du bist stark und mächtig. Keiner kann uns so gut beschützen wie du. Deshalb wollen wir, dass man nur noch dich anbeten darf. Bitte erlasse ein neues Gesetz. Jeder, der einen anderen Gott anbetet, soll in die Löwengrube geworfen werden. Die wilden Tiere sollen ihn zerreißen.«

Der König fühlte sich sehr geehrt. »Wenn ihr mich so herzlich darum bittet, will ich euch euren Wunsch erfüllen.«

Da ließen die Berater das neue Gesetz im ganzen Land verkünden.

Auch Daniel hörte davon. Er liebte seinen Gott aber so sehr, dass er das neue Gesetz nicht befolgen wollte. Er wollte keinen Menschen anbeten. So wie er es sein ganzes Leben lang getan hatte, betete Daniel auch weiterhin dreimal am Tag zu seinem Gott. Und er machte sich gar nichts daraus, wenn man ihn dabei sah.

»Jetzt haben wir ihn!«, freuten sich die Berater. »Jetzt ist es aus mit ihm.«

Schadenfroh liefen sie zu König Darius und verrieten ihm, dass Daniel gegen das neue Gesetz verstoßen hatte.

König Darius war entsetzt. Er hatte Daniel von Herzen gern. Und jetzt sollte er ihn von Löwen fressen lassen? Aber Gesetz war Gesetz. Jeder musste es befolgen, auch der König.

Traurig gab der König seinen Wachen den Befehl, Daniel gefangen zu nehmen und in die Löwengrube zu werfen.

Die ganze Nacht konnte der König nicht schlafen. Dauernd stellte er sich vor, wie es Daniel jetzt wohl erginge. Die Löwen waren wild und wütend in ihrer Grube. Sie hatten Angst, weil sie nicht herauskonnten, und immer einen Riesenhunger. Der arme, arme Daniel. Mitleidig weinte der König.

Schon ganz früh am Morgen, als alle anderen im Palast noch schliefen, schlich sich der König zum Tor hinaus und zur Löwengrube. Es war dunkel dort unten. Alles war mucksmäuschenstill. Der König fühlte, dass er gleich wieder weinen würde, als er Daniels Namen rief.

Doch welche Überraschung, aus der Tiefe kam Antwort! »Ich bin hier, Herr König. Gott hat mich beschützt. Er hat die wilden Löwen zahm gemacht. Sie haben mich gewärmt und mir nichts zuleide getan.«

Wie glücklich war der König da. Freudig half er Daniel aus der Löwengrube heraus und schloss ihn fest in die Arme. »Noch heute erlasse ich ein neues Gesetz. Dein Gott ist der Retter. Von nun an soll er auch unser Gott sein.«

Ein paar Jahre später durften alle in Babylon gefangen gehaltenen Israeliten nach Jerusalem zurückkehren. Der Glaube Daniels hatte aus Feinden Freunde gemacht.

Jona im Walfischbauch

JONA 1,1–3,3

Einmal schickte Gott seinen Propheten Jona in die Stadt Ninive. Dort sollte er von den Zehn Geboten Gottes sprechen und dass Gott die Stadt zerstören würde, wenn die Menschen weiterhin nicht auf die Gebote Gottes hören würden. Aber Jona schaltete auf stur. Ninive war ihm viel zu weit weg. Außerdem war die Stadt voller Feinde Israels. Israeliten konnte man dort überhaupt nicht leiden. Wenn er dort predigen würde, bekäme er nur Ärger.

»Wenn Gott sauer auf die Leute in Ninive ist, kann ich das gut verstehen«, dachte Jona. »Von mir aus soll er sie mal ordentlich bestrafen. Ich reise jedenfalls nicht dahin, um sie zu warnen. Wenn Gott mich morgen ruft, bin ich weg. Weit weg. So weit weg, dass mich keiner mehr findet. Nicht einmal Gott.«

Leise packte Jona ein paar Sachen in seinen Seesack. Dann machte er sich auf und davon. Im Hafen lag gerade ein prächtiges Schiff. Es wurde soeben beladen. Als Jona fragte, antwortete einer der Matrosen: »Wir laufen heute nach Spanien aus.«

»Spanien ist gut«, freute sich Jona. »Spanien ist weit weg.«

Schnell lief er zur Kapitänskajüte hinauf und fragte den Kapitän, ob er mitfahren könne.

»Von mir aus«, nickte der Kapitän. »Aber bezahlt wird jetzt gleich.«

»Kein Problem.«

Der Kapitän steckte den Fahrpreis in die Tasche, und Jona suchte sich eine freie Hängematte an Bord. Gemütlich schaukelte er sich darin in den Schlaf, bis das Schiff ablegte.

Der Himmel war blau. Kleine weiße Wolken schwammen wie Federn darin. Der Wind blies nicht zu stark und nicht zu schwach. Und die Möwen übten Flugkunststücke über den prallen Segeln. Jona schaute ihnen zu und lachte.

Doch Gott sah Jona überall.

Er ließ einen starken Wind aufkommen. Die Wellen stiegen. Wie tiefe grüne Täler und weiße Berge senkten und hoben sie sich unter dem Schiffsrumpf. Noch mehr Wind kam auf. Tiefer wurden die Wellentäler und steiler die Wellenberge. Das Schiff rollte darin herum und immer mehr Wasser schlug herein.

»Betet, Leute. Betet, damit der Sturm aufhört!« schrie der Kapitän in den Wind

Plötzlich ein Knall. Der Schiffsmast brach, die Segel gingen in Fetzen. Das Schiff lag schief. Gleich musste es kippen.

Jona lag unter Deck auf den Knien. Er traute sich gar nicht zu beten. Er wusste, dass Gott den Sturm geschickt hatte, um ihn zu bestrafen. Und nun musste die ganze Schiffsmannschaft für ihn leiden. Das durfte nicht sein.

Zitternd kroch Jona an Deck. »Kapitän«, schrie er gegen den Wind. »Kapitän, schmeiß mich über Bord. Mein Gott ist zornig auf mich. Du musst mich opfern, damit er den Sturm beendet.«

Der Kapitän glaubte nicht richtig gehört zu haben. »Ich werfe doch keinen Menschen über Bord. Halt dich fest und verschwinde zurück unter Deck.«

Mit aller Kraft schöpften die Matrosen das in das Schiff eingedrungene Wasser wieder heraus. Doch je mehr sie schufteten, desto wütender tobten die Wellen und umso schärfer pfiff und heulte der Wind.

»Kapitän«, schrie Jona wieder. »Ihr seid alle verloren, wenn du mich nicht über Bord wirfst. Du musst mich meinem Gott opfern.«

Mühsam stapfte der Kapitän auf Jona zu. »Wer ist denn dein Gott, dass er so etwas verlangt?«

»Mein Gott hat Himmel und Erde geschaffen. Und ich bin auf deinem Schiff, weil ich vor ihm weglaufen wollte. Es ist alles meine Schuld. Wirf mich ins Meer, und der Sturm hört auf.«

Der Kapitän blickte sich um. Noch nie hatte er einen solchen Sturm erlebt. Sein Schiff knarrte und ächzte. Bald würde es zerbrechen. Was würde dann aus seinen Matrosen werden? Sie waren mitten auf dem Meer. Kein Land in Sicht. Alle würden ertrinken. Verzweifelt sah er Jona an. »Es tut mir leid, aber ich muss es wohl wirklich tun«, brummte er, packte ihn und schleuderte ihn über Bord.

Fast sofort hörte der Sturm auf.

Jona spürte es unter Wasser und dankte Gott.

In diesem Moment tauchte etwas wie eine große Höhle vor Jona auf. Eine Welle trug ihn hinein. Die Höhle schloss sich. Das Wasser sank. Jona war gerettet.

Erst nach einer Weile wagte er die Augen zu öffnen. Er saß im Dunkeln. Überall roch es nach Fisch. Als er die Hände ausstreckte, fühlte er einen Berg aus winzigen Garnelen und klitzekleinen Algen unter sich. Weiter vorn in der Höhle spürte er eine Art Vorhang, durch den immer mal wieder Wasser und neue Garnelen in die Höhle eindrangen. Jetzt wusste Jona, wo er war: Mitten in einem Walfischbauch.

Jona war sich nicht sicher, ob er weinen oder froh sein sollte. Drei Tage lang schwamm Gottes seltsames Rettungsschiff mit ihm im Meer herum. Drei Tage lang bat Jona Gott um Verzeihung.

Am vierten Tag öffnete der Walfisch sein Maul und – zack! – flog Jona im hohen Bogen hinaus auf einen Strand. Und er brachte kein Wort heraus, weil er den Mund voll Sand hatte.

Stattdessen hörte er Gottes Stimme: »Ich bin dir nicht mehr böse, du ungehorsamer Prophet. Aber jetzt mach dich endlich auf den Weg nach Ninive. Sag den Leuten, dass ihre Stadt zerstört wird, wenn sie meine Gebote nicht besser befolgen.«

Diesmal gehorchte Jona sofort.

Jona und die Stadt Ninive

JONA 3,4–4,11

Jona war von der langen Reise nach Ninive völlig erschöpft und müde. Trotzdem lief er tagelang durch alle Straßen und predigte: »Achtung, Achtung! Alle herhören! Hier spricht Jona, der Prophet Gottes. Ich soll euch sagen, dass ihr noch 40 Tage habt, um eure bösen Taten zu bereuen und euch zu bessern. Sonst brechen hier alle Mauern ein und ihr liegt darunter. Hört auf mich, und Gott vergibt.«

Da bekamen die Leute in Ninive große Angst. Sie wollten nicht sterben. Und sie wollten auch ihre Stadt nicht verlieren. Sie war ihr Zuhause. Sie fanden sie schön und lebten gern dort. Also zogen sie schwarze Trauerkleider an. So sollte Gott sehen, dass es ihnen leidtat. Sie fasteten. Sie aßen kein Fleisch und tranken keinen Wein. Sie feierten keine Feste. So sollte Gott sehen, dass sie es wirklich ernst meinten. Sie beteten aus tiefstem Herzen. Und sie befolgten die Zehn Gebote Gottes.

Jona saß indessen draußen auf einem Hügel vor den Mauern der Stadt. Er wartete darauf, dass Ninive einstürzte. Er hatte schon oft gehört, wie böse und gemein die Leute dort waren. Solchen Übeltätern musste Gott eine Lehre erteilen. Davon war Jona fest überzeugt.

Doch nichts geschah. Nur die Hitze auf dem Hügel wurde größer. Jonas Kopf fühlte sich wie ein Kürbis an, der gleich platzen würde. Wenn doch wenigstens ein bisschen Schatten da wäre. Doch weit und breit gab es keinen Strauch und keinen Baum.

Schon wollte Jona sich seinen Umhang noch tiefer in die Stirn und über die Augen ziehen, da sah er plötzlich neben sich einen Weinstock wachsen. Der wurde ganz schnell groß genug, um Jona Schatten zu spenden. Das war bestimmt ein Geschenk von Gott. Wie freute Jona sich da.

Am nächsten Morgen kam er wieder auf den Hügel und wollte sich unter den schönen Weinstock setzen. Aber ein Wurm kroch aus der Erde und fraß dem Weinstock in Windeseile ein Blatt nach dem anderen ab. Jetzt hatte Jona keinen Schatten mehr und weinte.

Da hörte Jona Gottes Stimme: »Hör mal, Jona. Du bist jetzt über den Weinstock traurig, der abgestorben ist. Dabei hast du ihn nicht gepflanzt und nicht gegossen. Er ist an einem Tag gewachsen und an einem Tag verschwunden. Er war ein flüchtiges kleines Ding. Er gehörte dir nicht einmal.«

Jona wusste keine Antwort. Also sprach Gott weiter. »Mit Ninive und mir ist das ganz anders. Meine Menschen leben dort, die ich geschaffen habe. Ich mag sie sehr, auch wenn sie oft böse waren. Es wäre furchtbar traurig, wenn meine Menschen in Ninive gestorben wären. Es sind unschuldige Kinder unter ihnen, die ich ganz besonders lieb habe und unbedingt retten wollte. Deshalb musstest du nach Ninive reisen und alle warnen. Ich konnte nicht zulassen, dass du sie im Stich lässt.«

Da merkte Jona, wie gut Gott es mit seinen Menschen meinte, und dankte ihm sehr.

Neues Testament

Gottes aufregende Botschaften

LUKAS 1,5–55

Eines Tages zündete der Priester Zacharias im Tempel von Jerusalem Kohlestückchen und Weihrauchharz auf dem Altar an und betete vor dem duftenden Rauch zu Gott. Da erschien ein Engel neben ihm. Zacharias bemerkte ihn zuerst gar nicht. Er blickte nur in den Rauch und dachte an nichts anderes als an Gott. Da ertönte die Stimme des Engels an seinem Ohr und Zacharias erschrak. Der Engel lächelte. »Fürchte dich nicht, Zacharias. Ich bin der Engel Gabriel. Ich bin gekommen, um dir zu sagen, dass du bald einen Sohn haben wirst. Du sollst ihn Johannes nennen. Er wird Gott lieben und den Menschen von ihm erzählen. Viele werden auf ihn hören und wegen ihm wieder an Gott glauben.«

Zacharias lachte. »Ich bekomme keinen Sohn mehr, denn meine Frau und ich sind schon viel zu alt, um ein Kind zu kriegen.«

Traurig sah der Engel Zacharias an. »Schade, dass du mir nicht geglaubt hast. Von jetzt an sollst du kein Wort mehr sprechen können bis zu dem Tag, an dem dein Sohn geboren wird.«

Dann war der Engel so lautlos verschwunden, wie er gekommen war.

Aufgeregt eilte der alte Priester aus dem Tempel. Er wollte allen erzählen, was er erlebt hatte. Doch als er den Mund öffnete, war Zacharias stumm. Mit Händen und Füßen versuchte er Zeichen zu geben, um sich verständlich zu machen. Das fanden manche witzig, andere gingen einfach weg. Sogar seine Frau Elisabeth tippte sich nur an die Stirn. »Als ob ich alte Frau noch ein Baby bekäme. Also wirklich, Zacharias, das kann nicht sein.« Das hatte Zacharias sich ja auch schon gedacht.

In den nächsten Monaten wurde der Bauch seiner Frau immer dicker und runder. Man konnte mit der Hand spüren, dass winzige Füßchen darin strampelten. Der stumme Zacharias hätte vor Freude am liebsten laut gesungen und auch Elisabeth war glücklich wie noch nie.

Natürlich sprach es sich schnell herum, dass der Priester Zacharias und seine Frau bald ein Kind haben würden. Fremde staunten, Freunde freuten sich. Jeden Tag kam Besuch. Alle brachten Geschenke mit. Deshalb wunderten sich die beiden gar nicht, als eines Tages Maria aus Nazareth, einem kleinen Dorf in Galiläa, an ihre Tür klopfte. Maria und Elisabeth kannten sich gut, denn sie waren miteinander verwandt.

Elisabeth umarmte Maria herzlich. »Kommst du, meinen Babybauch zu sehen? Schau nur, wie er wackelt. Das Kind freut sich wohl, dass du da bist.«

Maria lachte. »Dein Bauch sieht wunderbar aus. Aber ich komme, weil ich dir etwas erzählen muss.«

»Und was?« Elisabeth zog Maria ins Haus.

»Stell dir vor, auch zu mir hat Gott seinen Engel Gabriel geschickt«, sagte Maria. »Er hat mir erklärt, dass ich bald einen Sohn bekommen werde. Ich soll ihn Jesus nennen. Gott selbst will es so.«

Maria lächelte. »Er ist Gottes Kind. Und mein liebster Josef wird gut für ihn sorgen.«

Da nahmen sich Maria und Elisabeth lange in die Arme und freuten sich.

Johannes kommt zur Welt

LUKAS 1,56–80

Maria blieb drei Monate bei Elisabeth und Zacharias. Sie sah, dass Elisabeth sich wegen des Babys in ihrem Bauch nicht mehr so gut bücken konnte und nichts Schweres tragen durfte. Da half sie ihr beim Kochen und Putzen, kümmerte sich um die Wäsche und nähte mit ihr zusammen Windeltücher und Babyhemdchen.

Eines Morgens sagte Elisabeth: »Ich spüre, dass heute mein Kind zur Welt kommen wird. Lauf, Maria, und hole die Nachbarin, damit sie mir beistehen kann.«

Den ganzen Tag halfen Maria und die Nachbarin Elisabeth, damit es ihr an nichts fehlte. Am Abend war der erste Schrei des neugeborenen Kindes bis auf die Straße zu hören. Da jubelten alle Freunde und Bekannten mit den überglücklichen Eltern und lobten Gott.

»Wie soll der Kleine denn heißen?«, fragten einige.

»Bestimmt soll er wie sein Vater Zacharias heißen«, meinten andere.

Doch Elisabeth schüttelte den Kopf. »Sein Name soll Johannes sein.«

Verwundert schauten die Leute sie an.

»Stimmt das, Zacharias? Soll dein erstgeborener Sohn wirklich nicht wie du heißen?«, riefen die Verwandten, Nachbarn, Freunde und Bekannten durcheinander. »Was ist denn das für eine neue Mode? Es werden doch immer alle Erstgeborenen nach dem Vater genannt.«

Zacharias schmunzelte nur. Da er nicht sprechen konnte, schrieb er etwas auf eine Wachstafel und hielt sie hoch. Nun konnten alle es lesen: »Johannes. Diesen Namen gab ihm Gott.«

Im gleichen Moment merkte er, dass er wieder sprechen konnte. Sofort begann er laut zu beten. Und noch einmal erzählte er von der wunderbaren Botschaft, die ihm Gottes Engel Gabriel überbracht hatte.

Da wagte niemand mehr zu widersprechen.

Maria wollte nun endlich wieder nach Hause. Zum Abschied umarmte sie Elisabeth und Zacharias und küsste den kleinen Johannes. Er war ein ganz besonderes Kind.

Jesus wird geboren
LUKAS 2,1–7

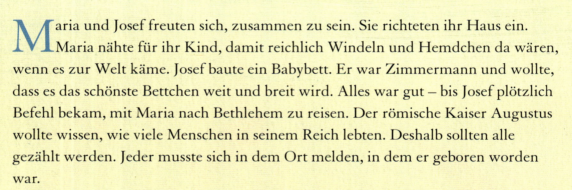

Maria und Josef freuten sich, zusammen zu sein. Sie richteten ihr Haus ein. Maria nähte für ihr Kind, damit reichlich Windeln und Hemdchen da wären, wenn es zur Welt käme. Josef baute ein Babybett. Er war Zimmermann und wollte, dass es das schönste Bettchen weit und breit wird. Alles war gut – bis Josef plötzlich Befehl bekam, mit Maria nach Bethlehem zu reisen. Der römische Kaiser Augustus wollte wissen, wie viele Menschen in seinem Reich lebten. Deshalb sollten alle gezählt werden. Jeder musste sich in dem Ort melden, in dem er geboren worden war.

»Wie sollen wir das nur schaffen?«, sorgte sich Maria. »Von Nazareth bis Bethlehem sind wir mindestens eine Woche unterwegs. Wir müssen zu Fuß gehen. Aber mein Bauch ist schon so dick. Das Baby will bald zur Welt kommen. Wie soll das gehen, ohne ein sicheres Dach über dem Kopf? Ohne Hilfe?«

»Hab keine Angst, liebe Frau.« Josef lächelte und streichelte Maria die Tränen von den Wangen. »Gott lässt uns nicht im Stich und wird uns beschützen. Pack schnell das Wichtigste ein. Dann müssen wir los. Wenn wir uns beeilen, kommen wir in Bethlehem an, ehe das Baby aus deinem Bauch herauswill.«

Wenig später half er Maria auf einen Esel, hüllte sie in ihren warmen Mantel ein und führte das brave Grautier auf den Weg.

Tag um Tag trug der Esel Maria auf seinem Rücken. Es war eine weite Reise. Mit jedem Tag schien sie Maria weiter. »Josef, geh schneller«, bat sie. »Wir brauchen ein sauberes Zimmer und eine gute Frau, die mir hilft. Es ist nicht mehr viel Zeit, bis das Baby kommt.«

Josef machte so große Schritte, wie er nur konnte, und zog den Esel hinter sich her, der auch schon müde vom weiten Weg war.

Endlich erreichten sie die ersten Häuser von Bethlehem.

»Gott sei Dank«, freute sich Josef. »Ich weiß eine gute Herberge. Dort bekommen wir sicher ein Zimmer.«

Die kleinen Hufe des Esels klapperten auf dem Weg. Es war wirklich nicht weit bis zur Herberge. Sie sah einladend aus. Es roch nach leckerem Essen. Fröhliche Stimmen waren durch die Fenster zu hören. »Jetzt wird alles gut«, dachte Maria und freute sich schon auf weiche Decken in einem warmen Bett.

»Herr Wirt!« Josef klopfte an die Herbergstür. »Hier ist Josef, der Zimmermann, mit Maria, seiner Frau. Sie ist schwanger und unser Kind kommt bald. Wir brauchen ein Zimmer und einen Stall für unseren Esel.«

Freundlich trat der Wirt vor die Tür. »Tut mir leid, Josef. Wir haben kein Zimmer mehr frei. Ganz Bethlehem ist voll. Von überall her sind die Leute gekommen, um sich zählen zu lassen. Versucht es schnell bei einem der anderen Häuser. Vielleicht habt ihr dort mehr Glück.«

Eilig zog Josef den Esel mit Maria weiter. Doch wohin sie kamen, wo sie auch klopften, es war überall gleich: Niemand hatte ein Zimmer frei.

Vor der letzten Tür, an die Josef pochte, konnte Maria kaum noch auf dem Esel sitzen. Verzweifelt blickte sie den Hausbesitzer und seine Frau an, die auch kein einziges Plätzchen mehr frei hatten. »Habt ihr nicht wenigstens ein Bündel Stroh in eurem Stall, auf dem ich mich niederlegen und mein Kind bekommen kann?«

Der Hausbesitzer wollte schon den Kopf schütteln, doch seine Frau nickte ihm zu. »Lieber Mann, ich bitte dich. Wir haben ja noch den alten Schuppen. Da ist Platz. Die Frau kann ihr Kind doch nicht auf der Straße bekommen!«

»Also gut, von mir aus.« Der Hausbesitzer zeigte auf einen wackligen Stall hinter dem Haus. Das Dach war nicht mehr dicht und eine Wand halb eingesunken. »Da könnt ihr bleiben, wenn ihr wollt. Ihr müsst euch den Platz mit unserem Ochsen und eurem Esel teilen. Mehr können wir leider nicht für euch tun.«

Maria und Josef war alles recht. »Gott wird es euch lohnen«, bedankten sie sich.

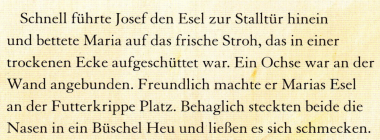

Schnell führte Josef den Esel zur Stalltür hinein und bettete Maria auf das frische Stroh, das in einer trockenen Ecke aufgeschüttet war. Ein Ochse war an der Wand angebunden. Freundlich machte er Marias Esel an der Futterkrippe Platz. Behaglich steckten beide die Nasen in ein Büschel Heu und ließen es sich schmecken.

Wenig später kam das Kind zur Welt.

Aus einem Stück ihres Unterrocks hatte Maria eine kleine Decke gemacht. Liebevoll wickelte sie ihr Baby darin ein. Josef polsterte indessen die leer gefressene Futterkrippe mit etwas Stroh aus. Dann legten sie das Kind hinein und konnten kaum aufhören, es zu streicheln.

»Er ist so süß«, sagte Maria und lächelte. »Er ist bestimmt das liebste Kind der Welt.«

Josef nickte. »Und er braucht einen Namen.«

»Jesus.« Maria sah ihrem Sohn in die glänzenden Augen und gab ihm einen Kuss. »Du sollst Jesus heißen. Das ist Gottes Wille. Der Engel hat es gesagt.«

»Einverstanden. Er soll Jesus heißen«, stimmte Josef zu und deckte den Kleinen mit Marias Mantelzipfel zu. »Schlaft jetzt, ihr beiden. Es war ein anstrengender Tag.«

Lange blieb Josef wach und passte auf seine Familie auf. Sterne glitzerten und funkelten durch das löchrige Dach herein. Ochs und Esel lagen bei Maria im Stroh und wärmten sie. Und ein Singen schien in der Luft wie von Engelsstimmen.

Die Nacht der Hirten

LUKAS 2,8–20

Habt ihr schon mal so einen hellen Stern gesehen wie den da?« Einer der Hirten am Lagerfeuer zeigte mit seinem gebogenen Stab zum Nachthimmel hoch. »Als ob er immer näher käme.«

Die anderen staunten auch.

»Riesig ist der.«

»Und mit einem Feuerschweif. Ich wusste gar nicht, dass es so etwas gibt.«

»Jemand hat mir mal erzählt, dass man so einen Stern Komet nennt.«

»Nicht, dass er auf uns runterfällt. Schaut doch nur, jetzt ist er schon so tief unten, dass er fast die Erde berührt. Und ein Rauschen ist das auf einmal.«

Vor Schreck warfen sich die Hirten ins Gras und bedeckten den Kopf mit beiden Armen. Nur zwischen den Fingerschlitzen hindurch wagten sie einen Blick nach oben. Da fiel ein so strahlendes Licht vom Himmel, dass es plötzlich taghell wurde.

»Hilfe«, schrien die Hirten und hatten Angst wie nie.

»Fürchtet euch nicht.« Eine Stimme übertönte das Rauschen und eine glänzende Gestalt erschien inmitten des Lichts. »Ich bin euch Hirten von Gott geschickt und verkündige große Freude. Heute ist der Sohn Gottes geboren!«

Die Hirten richteten sich langsam auf. Jetzt sahen sie, dass zu beiden Seiten der glänzenden Gestalt immer mehr leuchtende Gestalten erschienen. Sie beteten und sangen zu den wunderbarsten Melodien.

»Und wo ist er, der Sohn Gottes? Wie sollen wir ihn finden?«, traute sich einer der Hirten zu fragen.

»Folgt dem Stern«, antwortete die glänzende Gestalt. »Ich gebe euch ein Erkennungszeichen. Ihr werdet das Kind in einem Stall finden. Es schläft in einer Futterkrippe.«

Niemals zuvor hatten die Hirten einen Engel erblickt. Trotzdem wussten sie genau, dass die glänzende Gestalt, die zu ihnen gesprochen hatte, ein Engel war. Und keiner von ihnen zögerte, sich sofort auf den Weg zu machen.

Unterwegs erinnerten sie sich gegenseitig an jedes Wort, das der Engel zu ihnen gesprochen hatte. Wie wundersam das Licht geleuchtet hatte. Wie herrlich die Engel musiziert hatten. Nichts davon wollten sie vergessen.

Der leuchtende Stern blieb über einem halb verfallenen Stall stehen. Ein Ochse muhte darin, und als die Hirten an der Tür lauschten, hörten sie eine Frau ein Wiegenlied singen.

Der kleinste Hirte klopfte vorsichtig an. »Ist heute hier ein Kind geboren?«

»Ja.« Ein großer junger Mann öffnete die Tür. »Kommt nur herein. Wir sind Josef und Maria und das Kind ist da. Aber woher wisst ihr das?«

»Uns ist vorhin ein Engel erschienen«, antworteten die Hirten und knieten bei der Krippe nieder. »Er hat uns verkündet, dass dieses Kind der Sohn Gottes ist. Wir sind gekommen, um Gott zu loben und das Kind zu begrüßen.«

Maria bekam ein wenig Angst. Ihr Baby war erst ein paar Stunden alt und schon kamen fremde Menschen, um es zu sehen. Darüber musste sie später nachdenken. Erst einmal merkte sie sich jedes Wort.

Der kleinste Hirte hatte ein Schäfchen als Geschenk dabei. Er ließ es vom Arm herunter und legte es zu Füßen des Kindes in die Futterkrippe. Da kuschelte es sich an das Baby und wärmte es mit seinem wolligen Pelz. Glücklich lächelte der kleine Jesus im Schlaf.

Die Sterndeuter aus dem Morgenland

MATTHÄUS 2,1–12

Der große, hell leuchtende Stern mit dem Feuerschweif wurde nicht nur im jüdischen Land, sondern auch in den Nachbarländern gesehen. Vor allem kluge Sterndeuter aus dem Morgenland wussten, dass es ein ganz besonderer Stern war. Deshalb machten sie sich aus ihrer Heimat auf den Weg, um das Kind Gottes zu finden und zu begrüßen.

Als sie endlich in Jerusalem angekommen waren, besuchten die klugen Sterndeuter zuerst den jüdischen König Herodes in seinem Palast. »Wir suchen das Kind Gottes. Ein Stern hat uns hierhergeführt. Wir wollen es ehren wie einen König«, sagten sie.

König Herodes staunte: »Ein Gotteskind? Von einem Stern angekündigt? Wer soll das sein? Ich bin der jüdische König. Aber ich habe keinen kleinen Sohn. Meine Kinder, die später einmal die neuen Könige sein sollen, sind längst groß.«

Eilig ließ er seine Berater zu sich rufen und fragte sie: »Was wisst ihr von diesem Gotteskind?«

»Das kann nur ein Kind sein, das in Bethlehem geboren wurde«, antworteten die Berater. »Gott schickt es. So haben es die Propheten aufgeschrieben.«

Als Herodes das hörte, erschrak er und bekam Angst um seinen Thron. Er fürchtete, das Gotteskind könnte der neue König werden. »Ich muss dieses Kind sofort finden«, dachte er. »Es muss auf der Stelle verschwinden.« Aber von diesem Plan ließ er sich vor den Sterndeutern nichts anmerken. Stattdessen lächelte er sie freundlich an und rief mit zuckersüßer Stimme: »Geht und findet dieses Kind. Und wenn ihr wisst, wo es ist, sagt es mir gleich. Ich will das Kind auch begrüßen und anbeten.«

Das versprachen die Sterndeuter gern.

Über ihnen leuchtete immer noch der strahlende Stern mit seinem langen Schweif. Da machten sie sich mit ihrer Karawane wieder auf den Weg und folgten dem Licht.

Als der Stern am Himmel stehen blieb, waren sie in Bethlehem angekommen, direkt vor dem Stall. Sie ließen die Kamele niederknien, um besser absteigen zu können, klopften an die Tür und riefen: »Wir kommen aus dem Morgenland, um das Kind Gottes wie einen König zu ehren!«

Ein Mann öffnete. Er trug ein kleines Baby auf dem Arm und betrachtete neugierig die Geschenke, die die Weisen mitgebracht hatten. Es waren königliche Geschenke: Gold in dicken Münzen, duftende Weihrauchbrocken und Gesundheit bringendes Myrrhe-Harz.

Eine junge Frau kam heraus und streichelte dem Kind über das Haar. »Er heißt Jesus«, sagte sie.

Sie lächelte und winkte den Sterndeutern zu. »Kommt nur herein. Ihr müsst müde von der weiten Reise sein. Kommt, ruht euch aus und esst mit uns. Es ist genug für alle da.«

Das ließen sich die Sterndeuter nicht zweimal sagen. Dankbar betraten sie den kleinen Stall, beteten gemeinsam mit Josef und Maria und ließen sich dann das Essen schmecken.

Eigentlich wollten die Sterndeuter am nächsten Morgen sofort zu König Herodes reiten, um ihm zu sagen, wo sie das Kind gefunden hatten. Doch Gott schickte ihnen einen Traum. Darin warnte er sie, dass Herodes Jesus etwas Böses antun wollte. Da wussten die Weisen, was sie zu tun hatten. Sie ritten schnell in eine andere Richtung davon und ließen Herodes warten.

Die Flucht nach Ägypten

MATTHÄUS 2,13–23

Als die Sterndeuter aus dem Morgenland nach Hause aufgebrochen waren, hörte Josef einen Engel im Traum: »Steh auf, nimm das Kind und seine Mutter und flieh mit ihnen nach Ägypten. Wartet dort, bis ich wieder zu dir spreche. Hier könnt ihr nicht bleiben, denn der König Herodes will Jesus töten.«

Auf der Stelle weckte Josef seine Frau Maria. Sie zog den kleinen Jesus warm an. Josef packte alles, was sie unbedingt brauchten, auf einen Esel. Dann eilten sie im Schutz der Dunkelheit nach Ägypten.

Das war keinen Moment zu früh. König Herodes hatte nämlich erfahren, dass die Sterndeuter aus dem Morgenland verschwunden waren. Keiner von ihnen hatte ihm verraten, wo das Kind Gottes zu finden war.

Wütend tobte König Herodes in seinem Palast: »Eine Unverschämtheit, mich so an der Nase herumzuführen. Wehe, wenn ich diese hinterlistigen Sterndeuter erwische!«

Doch die Sterndeuter aus dem Morgenland waren längst weit weg und keiner konnte sie einholen.

Der grausame und böse König Herodes schrie und brüllte, bis er heiser war. Dann rief er seine Soldaten zusammen und befahl ihnen: »Auf, marsch, marsch, nach Bethlehem. Sucht das Gotteskind und tötet es. Es will bestimmt später einmal König werden. Aber von so einem Knaben lasse ich mir meine Krone nicht wegnehmen. Ich allein bin der rechtmäßige jüdische König und das bleibt auch so.«

Die Soldaten gehorchten, aber fanden das Kind nicht.

Bald darauf starb König Herodes an einer schlimmen Krankheit. Und wieder erschien Josef ein Engel im Traum: »Steh auf, nimm das Kind und seine Mutter und kehre mit ihnen ins jüdische Land zurück. Diejenigen, die Jesus umbringen wollten, sind nicht mehr da.«

Josef gehorchte sofort. Er weckte Maria, die Jesus in warme Decken wickelte und auf den Arm nahm. Am frühen Morgen machten sie sich mit dem voll bepackten Esel auf den Heimweg. Von dieser Zeit an wohnte Jesus mit seiner Familie in Nazareth.

Jesus besucht den Tempel in Jerusalem

LUKAS 2,41–52

Josef arbeitete hart, um seine Familie zu ernähren. Nazareth war nur ein kleines Bauerndorf inmitten von Olivenbäumen und ein paar Weinreben. Auf den steinigen Wiesen weideten vor allem Schafe, Esel und Ziegen, die gut klettern konnten. Die Bauern hatten nicht viel Geld. Manche lebten nicht einmal in einem Haus, sondern in Grotten, kleinen Höhlen, die im Berg entstanden waren.

Da gab es nicht viel zu tun für einen Zimmermann und Bauhandwerker, der Häuser bauen und Dachstühle zimmern konnte. Zum Glück lag Sephoris, eine große, reiche Stadt, in der Nähe. Man konnte zu Fuß dorthin gehen. Und Arbeit für einen wie Josef, der sich mit Stein und Holz auskannte, gab es in Hülle und Fülle.

Am Sabbattag, an dem nicht gearbeitet werden durfte, ging die Familie in die Synagoge. Jesus lernte dort beten und hörte zu, wenn aus der Thora, dem heiligen Buch der Juden, vorgelesen wurde. Bis zu seinem dreizehnten Geburtstag musste er alle Gebote Gottes und Geschichten in der Thora kennen. Dann durfte er nämlich zum ersten Mal selbst daraus vorlesen und anschließend mit den Schriftgelehrten über Gottes Gebote reden.

Vor diesem besonderen Ereignis nahmen ihn Maria und Josef zum ersten Mal nach Jerusalem in den Tempel mit. Der Weg war weit. Aber viele andere Leute zogen mit ihnen, denn es war die Zeit des Passahfestes. Es erinnerte alle Juden daran, dass Gott sie aus der Gefangenschaft in Ägypten gerettet hat.

Jesus sah den Tempel schon von Weitem. Er war aus weißem Kalkstein erbaut und das größte, schönste Gebäude der Stadt. »Das Haus Gottes«, dachte Jesus und fühlte, wie laut und aufgeregt sein Herz klopfte.

Nach Sonnenuntergang waren in einer großen Halle viele Tische für den Seder, das erste feierliche Abendessen des Passahfestes, gedeckt. Es duftete nach Weihrauch und Feiertagskerzen leuchteten.

Zuerst sangen Jesus und alle anderen Gäste viele Lieder zu Ehren Gottes. Dann wurden Geschichten über die Gefangenschaft des jüdischen Volkes in Ägypten erzählt und wurde aus der Thora vorgelesen. Am aufregendsten fand Jesus, wie Mose alle durch das Meer führte und rettete. Fast hätte er zu essen vergessen. Am Ende stimmten alle miteinander nochmals ein Lied an. Andächtig sang Jesus mit.

Nach dem Passahfest machten sich alle wieder auf den Heimweg, auch Maria, Josef und Jesus. Sie plauderten mit Freunden, von denen sie manche lange nicht gesehen hatten.

Als es Abend wurde, kam Jesus nicht zum Essen. Da begann Maria, sich Sorgen zu machen. »Schaust du mal bei den anderen Lagerfeuern, Josef?«, bat sie ihren Mann. »Jesus sollte jetzt wirklich bei uns sein. Schließlich ist es bald dunkel und Schlafenszeit.«

Doch Jesus war nirgends zu finden und niemand hatte ihn gesehen.

»Es wird ihm doch nichts passiert sein?«, rief Maria aufgeregt. »Womöglich hat ihn ein wildes Tier überfallen. Wir müssen ihn suchen, Josef. Komm, wir gehen zurück.«

Sie liefen die ganze Nacht, ohne Jesus zu finden. Als sie endlich das Stadttor von Jerusalem erreichten, waren sie völlig erschöpft. Trotzdem eilten sie durch alle Straßen, gönnten sich kaum ein Stündchen Schlaf und suchten dann wieder weiter. Drei Tage lang.

»Ich weiß nicht, wo wir noch suchen könnten«, sagte Josef zuletzt. »Wir müssen Gott um Hilfe bitten.«

Maria nickte. »Du hast recht. Allein schaffen wir es nicht. Jetzt kann nur noch Gott helfen.«

Noch einmal umarmten sie sich ganz fest, dann betraten sie den Tempel. Kaum hatten sich ihre Augen an das besondere Licht im Innern des Tempels gewöhnt, erblickten sie Jesus. Er saß bei den Schriftgelehrten und Priestern, sprach über Gott und alle hörten ihm zu. »Wie klug er ist«, murmelten sie untereinander. »Was dieser Junge alles weiß.«

Maria war so froh, Jesus zu sehen, dass sie ihn am liebsten umarmt hätte. Gleichzeitig war sie wütend, weil er ihr solche Sorgen bereitet hatte. »Jesus!«, rief sie deshalb laut. »Jesus, komm sofort zu mir. Dein Vater und ich suchen dich seit Tagen überall. Was fällt dir ein, uns wegzulaufen und einfach hierzubleiben?«

Jesus blickte zuerst Maria und dann Josef an. »Warum habt ihr mich gesucht?«, fragte er verwundert. »Wisst ihr nicht, dass ich im Haus Gottes sein muss?«

Maria musste an etwas denken, das sie gehört hatte, als sie ihr Baby Jesus zum ersten Mal nach Jerusalem in den Tempel gebracht hatte. Allen Menschen sollte Jesus von Gott erzählen, das hatte ein alter, kluger Mann gesagt.

Maria hatte ihren Sohn so lieb. »Er ist doch erst zwölf. Er gehört noch nach Hause«, dachte sie und war froh, dass Josef seinen Arm um sie gelegt hatte.

Josef fühlte, was sie dachte. »Komm, Jesus«, sagte er und streckte die Hand aus. »Wir wollen nach Hause gehen.«

Jesus gehorchte. Aber insgeheim wusste Maria, dass er immer nur auf Gott hören würde.

Jesus lässt sich von Johannes taufen

LUKAS 3,1–22

Als Johannes ein junger Mann geworden war, zog er bei seinen Eltern aus und lebte in einer Höhle in der Wüste. Er aß Heuschrecken und wilden Honig. Und immer wieder hörte er die Stimme Gottes.

Eines Tages schickte Gott Johannes an den großen Fluss Jordan und sagte: »Erinnere die Menschen an meine Gebote.«

Johannes machte sich sogleich auf den Weg. Bald fand er eine flache Stelle im Fluss. Viele Menschen, die nach Jerusalem wollten, mussten dort durch das Wasser gehen. Ihnen erzählte Johannes von Gott. Er ermahnte sie, von nun an auf Gottes Gebote zu hören.

»Wie sollen wir das denn machen?«, fragten manche Leute.

»Seid nicht mehr so geizig«, antwortete Johannes. »Gebt anderen, die weniger haben, etwas von dem ab, was ihr besitzt. Seid nett zueinander und helft euch gegenseitig. Lasst keinen allein, wenn andere gemein zu ihm sind.«

»Woran soll Gott denn erkennen, dass wir von jetzt an bessere Menschen sein möchten?«, wollten andere wissen.

»Kommt her zu mir in den Fluss«, antwortete Johannes. »Ich will euch taufen. Wer ein besserer Mensch werden will, wird mit dem Kopf untergetaucht. Das Wasser ist ein Zeichen dafür, dass ihr euch ändern wollt. Dann wird Gott euch verzeihen und alles wird gut.«

Da staunten die Menschen und viele ließen sich von Johannes taufen.

Eines Tages kam auch Jesus zum Jordan und sah Johannes im Fluss taufen. Aufmerksam hörte er ihm zu und rief zuletzt: »Johannes, taufe auch mich!«

Johannes nickte, tauchte Jesus tief in den Jordan und taufte ihn.

Kaum aber kam Jesus wieder aus dem Wasser hervor, ertönte die Stimme Gottes: »Du bist mein geliebter Sohn. Ich habe große Freude an dir.«

Der Teufel in der Wüste
LUKAS 4,1–13

Als Jesus dreißig Jahre alt geworden war, wollte er sich auf die Wanderschaft machen und überall im Land den Menschen von Gott erzählen. Zuvor ging er aber noch einmal in die Wüste, um ganz allein zu sein und zu beten. Dort fastete er vierzig Tage und Nächte.

So lange ohne etwas zu essen auszuhalten, war schwer. Manchmal knurrte Jesus der Magen vor Hunger und er konnte nur noch an frisches, köstlich duftendes Brot denken.

In einem solchen Moment erschien ihm der Teufel und grinste ihn spöttisch an. »Wenn du der Sohn Gottes bist, mach dir doch aus Steinen Brot.«

Jesus schüttelte den Kopf. »Teufel, du bist dumm. Weißt du nicht, dass der Mensch nicht nur von Brot lebt? Jedes Wort von Gott ist wichtiger.«

Der Teufel ärgerte sich. Er packte Jesus, brachte ihn auf das Dach des Tempels von Jerusalem und rief: »Wenn du der Sohn Gottes bist, dann spring. Die Engel Gottes werden dich sicher auffangen und auf Händen tragen, damit du dich nirgends anstößt.«

»Niemand soll Gott, den Schöpfer, auf die Probe stellen«, antwortete Jesus.

Der Teufel ärgerte sich abermals. Aber er gab nicht auf. Er wollte, dass Jesus ihn anbetete und nicht Gott. Deshalb nahm er Jesus mit auf den höchsten Berg. Von dort aus konnte man alle Länder der Welt sehen. »Schau genau hin, Jesus von Nazareth«, sprach der Teufel und deutete mit beiden Armen rundum. »Ist das nicht wunderbar anzusehen? Knie vor mir nieder und bete mich an. Sofort soll alles dir gehören, was du siehst.«

Jetzt reichte es Jesus aber. »Fort mit dir, Teufel!«, schimpfte er laut. »Verschwinde! Gott allein soll man anbeten und dienen.«

Da musste der Teufel unverrichteter Dinge abziehen und ließ Jesus endlich in Ruhe beten.

Die Jünger

LUKAS 4,16–30; 5,1–11; 6,12–16

Als Jesus lange in der Wüste gebetet hatte, kehrte er nach Hause zurück. Überall unterwegs erzählte er den Menschen von Gott. Vielen gefiel das so gut, dass sie anderen davon berichteten. Bald kamen immer mehr Leute zum Zuhören, wenn Jesus irgendwo predigte.

Auch in Nazareth hatte man schon von seinen Reden gehört. Doch als Jesus dorthin kam, wurde er nur ausgelacht. »Bist du nicht der Sohn von Maria und Josef, dem Zimmermann, der da hinten in der Gasse wohnt? Und jetzt spielst du dich auf, als wüsstest ausgerechnet du, was Gottes Wille ist? Geh und hilf Josef in der Werkstatt. Und lass uns mit deinem Geschwätz in Ruhe.«

Traurig sah Jesus die Spötter an. »Schade, dass ihr mir nicht zuhören wollt. Aber so ist es nun mal, kein Prophet ist willkommen in seiner Stadt.«

»Du und ein Prophet?« Jetzt regten die Leute sich erst richtig auf. »Ein Spinner und Angeber bist du, sonst nichts! Verschwinde, ehe wir dich hinauswerfen.«

Da ging Jesus einfach fort.

Bald kam er nach Kapernaum am See Genezareth. Der frische Seewind tat ihm gut. Das Rauschen der Wellen tröstete ihn. Und das Kreischen der Möwen, das sich anhörte, als lachten sie, machte ihn wieder froh.

»Bist du nicht Jesus?«, fragte jemand hinter ihm. »Bist du nicht der, der so wunderbar über Gott spricht?«

Auch andere Leute blieben stehen. »Wir erkennen dich. Du bist es. Du bist Jesus. Predige für uns! Predige für uns!«

Rasch sprang Jesus in ein Fischerboot, das an einem Steg angebunden lag, und stellte sich in der Mitte auf die Sitzbank. So konnten ihn alle gut sehen und hören.

Die beiden Fischer, denen das Boot gehörte, saßen auch am Ufer. Sie waren müde und abgerackert, denn sie hatten die ganze Nacht auf dem See gefischt. Und Hunger hatten sie wie ein Bär. Aber was Jesus über Gott erzählte, gefiel ihnen so gut, dass sie einfach nicht nach Hause gehen konnten und zuhören mussten.

Jesus schaute die beiden Männer immer wieder an. Als er zu predigen aufhörte, sprang er aus dem Boot und ging auf sie zu. »Seid ihr nicht Simon und Andreas? Stimmt es, dass ihr heute noch nichts gefangen habt?«

»Woher weißt du das?«, wunderten sich die Fischer.

Doch Jesus antwortete nicht. »Fahrt einfach nochmals hinaus«, meinte er nur. »Werft eure Netze aus. Der Fang wird sich lohnen.«

Die beiden Fischer standen langsam auf. »Freiwillig würden wir nicht mehr rausfahren, denn wir haben die ganze Nacht geschuftet und nichts gefangen. Aber weil du es bist und es uns sagst, versuchen wir es noch einmal.« Damit schoben sie ihr Boot auf den See hinaus und warfen ihre Netze in weitem Bogen aus.

Wie staunten sie, als sofort so viele Fische herbeischwammen, dass das Wasser von ihren Schuppen wie flüssiges Silber glitzerte und die Netze so voll wurden wie nie zuvor. Sogar Jakobus und Johannes, die ihren Freunden zu Hilfe kamen, fingen so viele, dass ihr Boot bis zum Rand voll zappelnder Fische war. So etwas hatten die vier noch nie erlebt.

Glücklich und erschrocken zugleich sahen sie Jesus an, der ihnen fröhlich zunickte. »Seht ihr! Ich hab's gesagt, ihr habt's geglaubt. So soll es immer sein, wenn ihr mit mir kommt und meine Menschenfischer werdet.«

»Menschenfischer? Was ist das denn?«, wunderten sich die Fischer und sahen zu, wie ihre Familien den Riesenfang bewunderten und überglücklich nach Hause brachten.

»Ihr sollt Menschen für mich fischen«, antwortete Jesus. »Ihr sollt ihnen von mir erzählen und sie zu mir bringen, wenn ich predige, damit sie Gottes Wort hören. Wollt ihr das?«

»Was du willst, wollen wir auch«, riefen die Fischer.

So wurden Simon, den Jesus später Petrus nannte, Andreas, Jakobus und Johannes die ersten Schüler von Jesus. Später kamen noch Philippus, Thomas, Bartholomäus, Judas Iskariot, Matthäus, der andere Judas, der andere Simon und der andere Jakobus dazu. Sie alle waren die besten Freunde von Jesus und wurden »Jünger« genannt. Sie folgten Jesus nach, wohin er auch ging.

Als Jesus Wasser in Wein verwandelte

JOHANNES 2,1–12

Eines Tages wurde in Kana, einem Dorf nahe bei Nazareth, wo Jesus zu Hause war, eine Hochzeit gefeiert. Maria, die Mutter von Jesus, war mit ihrer ganzen Familie eingeladen und Jesus hatte ein paar seiner Jünger mitgebracht. Alle feierten fröhlich und ließen die Braut und den Bräutigam immer wieder mit einem Glas Wein hochleben.

Maria half ihren Freunden gern, die vielen Gäste zu bedienen. Sie brachte köstliche Speisen an die Tische und schenkte Getränke aus. Es war von allem reichlich da, nur vom Wein gab es zu wenig. Maria schlug erschrocken die Hände zusammen, als sie es sah. Es musste schnellstens neuer Wein beschafft werden. Das Fest war ja noch lange nicht zu Ende. Doch woher? Der Bräutigam hatte kein weiteres Fass mehr im Keller. Und Wein zu kaufen gab es in Kana nicht.

Jesus saß bei seinen Jüngern, lachte, aß und trank mit ihnen. Verstohlen winkte Maria ihm, dass er zu ihr kommen sollte.

»Was ist denn?«, fragte er, als er zu ihr trat.

Maria schaute ihn bittend an. »Es ist fast kein Wein mehr da. Unsere Freunde wissen nicht, was sie machen sollen. Eine Hochzeitsfeier ohne Wein. Das geht ja gar nicht. Bitte, hilf ihnen. Es soll doch der schönste Tag in ihrem Leben sein.«

»Was verlangst du da von mir? Noch ist nicht die richtige Zeit für Wunder«, antwortete Jesus.

Maria aber wandte sich zu den Dienern um, die bei den leeren Weinfässern standen und sich anstrengten, die letzten Tropfen herauszuschütteln. »Hört her, was ich euch jetzt sage: Wenn Jesus kommt, tut alles, was er will. Fragt nichts. Gehorcht einfach.«

Nach einer Weile blieben immer mehr Becher leer, wenn die Gäste nach den Dienern riefen und Wein bestellten. Der Bräutigam rutschte unruhig auf seinem Sitz hin und her. Er wusste, dass nur noch ein kleiner Rest in seinen Weinfässern übrig war. Was sollte er bloß den Gästen sagen?

In diesem Moment hob Jesus den Kopf und blickte zum Hauseingang hinüber, wo sechs riesige Krüge standen, die man mit Wasser füllte, wenn man sich waschen oder baden wollte. Mit einer Handbewegung winkte er ein paar Diener herbei. »Geht«, flüsterte er so leise, dass nur sie es hörten, »holt frisches Wasser für die Krüge. Füllt sie bis an den Rand.«

Wie Maria ihnen befohlen hatte, stellten die Diener keine Fragen, sondern machten sich sofort an die Arbeit. Bald waren die Krüge voll.

»Gut.« Jesus nickte den Dienern zufrieden zu. »Und jetzt schöpft mit euren Krügen daraus und schenkt zuerst dem Gast den Becher voll, der neben dem Bräutigam sitzt.«

Wieder gehorchten die Diener, und wie der Gast seinen Becher hob, um mit dem Bräutigam anzustoßen, war aus Wasser Wein geworden. Und was für ein köstlicher Wein. Der Gast staunte nur so. »Mein lieber Freund«, prostete er dem Bräutigam lachend zu, »ich muss schon sagen, du machst komische Sachen. Überall setzt man dem Gast zuerst den besten Wein vor. Nur bei dir ist es genau umgekehrt. Da bekommt man den besten Wein erst, wenn das Fest fast vorbei ist.«

Der Bräutigam wurde ganz verlegen. Er wusste ja, dass fast kein Wein mehr da gewesen war, und dachte, sein Freund würde sich über ihn lustig machen. Doch wie einer der Diener auch ihm den Becher vollschenkte und er einen Schluck kostete, schmeckte es ihm ebenfalls so gut wie nie ein anderer Wein zuvor. Wie war das möglich?

Nur die Diener wussten die Antwort. Doch das verrieten sie erst nach dem Fest.

Die Jünger von Jesus aber hatten alle mit angesehen, wie Wasser zu Wein wurde. Sie spürten einmal mehr, wie wunderbar Jesus war, und glaubten an ihn.

Der Gelähmte

MARKUS 2,1–12

Jeden Tag wanderte Jesus mit seinen Jüngern durch das Land. Wenn sie in die Nähe eines Dorfes kamen, liefen diese voraus, klopften an die Türen und riefen in allen Gassen: »Heute Nachmittag predigt Jesus aus Nazareth. Kommt alle und hört zu!«

Überall und immer wieder erzählte Jesus neue Geschichten von Gott. Er heilte Kranke, denen niemand sonst mehr helfen konnte. Stummen gab er die Sprache zurück. Blinde ließ er wieder sehen. Taube konnten plötzlich hören. Nur weil Jesus sie berührte und mit ihnen sprach.

»Das ist die Kraft, die Gott mir gegeben hat, weil er euch liebt. Dankt nicht mir, dankt Gott. Nicht ich, euer Glaube hat euch geheilt«, sagte er und zog weiter.

Die Menschen, die er gesund gemacht hatte, und alle, die es gesehen hatten, sprachen mit anderen darüber, die es wieder anderen sagten. Bald kannte man Jesus überall und immer mehr Leute kamen, wenn er irgendwo predigte.

Als er einmal wieder in Kapernaum war und mit seinen Jüngern beim Essen saß, trugen vier Männer einen gelähmten Freund auf einem Brett herbei. »Jetzt wird alles gut«, redeten sie auf ihn ein. »Wenn Jesus dich nur einmal anschaut, bist du gesund.«

Doch Jesus war nirgends zu sehen. Er war im Haus. Und rund ums Haus warteten so viele Kranke, dass die fünf Freunde mit ihrem großen Brett nirgends mehr Platz hatten.

»Was jetzt?« Ratlos blickte der Gelähmte seine Freunde an. »Jesus kann mich retten. Ich spüre es ganz genau. Sollen wir jetzt etwa wieder umkehren?«

»Nein, niemals«, beruhigten ihn die Freunde. »Siehst du da die schmale Treppe an der Hauswand? Sie führt aufs Dach. Wenn wir das Brett hochtragen, können wir es vom Dach in die Wohnung abseilen. Dann bist du direkt bei Jesus.«

»Vom Dach? Wie soll das gehen? Es hat doch kein Loch«, meinte der Gelähmte.

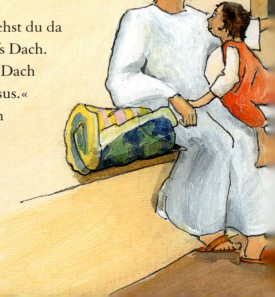

»Und ob es geht. Wir müssen bloß ein paar Bündel Schilf von den Dachbalken ziehen und schon können wir das Brett durch die Lücke hinunterlassen.«

Schnell banden sie ein dickes Seil an jeden Griff, an dem sie das Brett getragen hatten, und schleppten es mitsamt dem Gelähmten bis auf das flache Hausdach hinauf. Dann nahmen sie jeder mit beiden Armen ein dickes Schilfbündel vom Dach herunter und schon sahen sie zwischen den Dachbalken hindurch direkt ins Haus. Das Brett passte haargenau zwischen den Dachbalken hindurch, als sie es langsam und vorsichtig zu Boden gleiten ließen.

Die Jünger sprangen von ihrer Mahlzeit auf. »Wer seid ihr? Was fällt euch ein? Eine Unverschämtheit ist das. Zieht sofort das Brett wieder hoch!«

»Halt, Freunde. Beruhigt euch«, trat Jesus dazwischen. »Seht ihr nicht, dass diese Männer alles tun, um ihren Kranken zu mir zu bringen? Also lasst sie zu mir kommen.« Freundlich wandte er sich den Männern mit dem Brett zu. »Sagt mir, was führt euch hierher? Was wollt ihr von mir?«

Der Gelähmte antwortete zuerst. »Du bist der, den Gott uns versprochen hat. Ich weiß es genau. Sieh mich nur einmal an, Jesus, und ich bin gesund.«

Jesus lächelte. »Dein Vertrauen in Gott ist groß. Ich verzeihe dir deshalb alles, was du Böses getan hast.«

Der Gelähmte schwieg. Er versuchte, einen Zeh zu bewegen oder einen Finger. Aber er war gelähmt wie zuvor. Seine Freunde auf dem Dach sahen auch, dass er sich nicht bewegen konnte. »Jesus«, riefen sie enttäuscht, »warum vergibst du ihm seine Sünden? Warum machst du nicht, dass er wieder gehen kann?«

Draußen vor dem Haus hatten alle Leute zugeschaut, wie das Brett mit dem Gelähmten zu Jesus heruntergelassen wurde. Auch ein paar neugierige Schriftgelehrte waren dabei. Als sie hörten, was Jesus zu dem Gelähmten gesprochen hatte, regten sie sich laut darüber auf. »Nur Gott darf Sünden vergeben. Dieser Jesus ist nicht Gott. Er ist ein Zauberer. Er muss endlich gefangen und bestraft werden. Wer so tut, als wäre er Gott, muss sterben. So will es das Gesetz.«

Langsam drehte Jesus sich zu ihnen um. »Das Gesetz kennt ihr. Aber wisst ihr auch, was einfacher ist, jemandem die Sünden zu vergeben oder ihn gesund zu machen?«

Niemand antwortete. Vielleicht wussten es die Schriftgelehrten nicht. Vielleicht wollten sie nicht mit Jesus reden.

»Dann schaut her, ihr Ungläubigen«, rief Jesus. »Seht mit euren eigenen Augen und hört mit euren eigenen Ohren, dass Gott mir für beides die Macht gegeben hat, nämlich Sünden zu vergeben und zu heilen.«

Mit dem letzten Wort legte Jesus dem Gelähmten eine Hand auf die Stirn und sprach, sodass alle es hörten: »Steh auf, nimm dein Brett und geh nach Hause.«

Auf der Stelle richtete der Gelähmte sich auf dem Brett auf, schwang die Beine auf den Boden und stand auf. Er hob die Füße an, bog die Beine durch, breitete die Arme aus und drehte sich in alle Richtungen. »Jesus, du hast mich gerettet. Gott sei Dank.«

Jesus nickte ihm zu und wies freundlich zur Tür. Da nahm der Geheilte sein Brett unter den Arm und ging davon, als wäre er niemals starr und steif gewesen.

Obwohl so viele Menschen vor dem Haus standen, war es mucksmäuschenstill. Alle spürten, dass eine Kraft von Jesus ausging, die größer war als jede Menschenkraft. Als er zu beten begann, beteten alle mit.

Die Heilung am Sabbat

MARKUS 3,1–6

Am Sabbat, dem großen Ruhetag der Juden, der immer am Samstag gefeiert wird, durfte niemand arbeiten. Jesus und seine Jünger befolgten diese Regel gern. An einem Sabbat aber war alles anders.

Wie immer war Jesus in die Synagoge gegangen, um zu beten und mit den Menschen über Gott zu reden. Da erblickte er einen Mann mit einer gelähmten Hand. Dieser Mann tat ihm sehr leid und er wollte ihm gern helfen. Jesus bemerkte aber auch, dass die Schriftgelehrten misstrauisch zu ihm herschauten. Sie waren eifersüchtig, weil immer mehr Leute lieber Jesus zuhörten als ihnen. Deshalb warteten die Schriftgelehrten nur darauf, dass Jesus einen Fehler machen würde. Wenn er zum Beispiel dem Mann mit der gelähmten Hand jetzt gleich helfen würde, wäre das gegen das Gesetz, am Sabbat nicht zu arbeiten. »Hoffentlich tut er es«, hofften sie. »Dann verklagen wir ihn beim König und sind ihn endlich los.«

Jesus wusste genau, was die Schriftgelehrten dachten und was sie sich wünschten. Das machte ihn zornig und betrübt zugleich. Auf keinen Fall würde er sich von ihnen einschüchtern lassen. Alle, die in der Synagoge waren, sollten mit eigenen Augen sehen und eigenen Ohren hören, dass ein Mensch für Gott wichtiger war als das Gesetz.

»Tritt vor!«, sprach Jesus deshalb und winkte den Mann mit der gelähmten Hand freundlich zu sich heran.

Dann blickte er alle Menschen in der Synagoge und zuletzt die Schriftgelehrten an. »Seht ihn euch alle an. Was meint ihr? Soll man am Sabbat Gutes tun oder soll man Böses tun?«

Die meisten Leute dachten: »Natürlich Gutes.« Aber sie waren sich nicht sicher, ob es erlaubt war, am Sabbat etwas Gutes zu tun. Und keiner wollte sich mit einer falschen Antwort blamieren. Also sprachen sie nicht aus, was die dachten.

Deshalb fragte Jesus weiter: »Soll man am Sabbat heilen und ein Leben retten oder soll man einen Kranken im Stich lassen?«

Die Schriftgelehrten schwiegen immer noch. Und die Gläubigen in der Synagoge trauten sich abermals nicht zu antworten.

Da rief Jesus laut: »Du mit der kranken Hand, komm her und strecke deine Hand aus zu mir.«

Der Mann zitterte ein bisschen, denn er fürchtete sich vor den zornigen Gesichtern der Schriftgelehrten. Trotzdem tat er, was Jesus wollte. »Weil du es sagst, gehorche ich dir, denn ich glaube, dass du von Gott geschickt wurdest.«

Im gleichen Moment war seine Hand gesund.

Überglücklich drehte der Mann sie hin und her, streckte die Finger und ballte die Faust. Und alle in der Synagoge freuten sich mit ihm.

Nur die Schriftgelehrten freuten sich nicht. Wütend gingen sie aus der Synagoge fort und berieten sich wenig später mit den Dienern des Königs, wie sie Jesus umbringen könnten.

Der römische Hauptmann
MATTHÄUS 8,5–13

Überall im jüdischen Land gab es römische Soldaten. Der Kaiser in Rom hatte sie dorthin geschickt. Sie sollten dafür sorgen, dass die Juden dem römischen Kaiser gehorchten. Einer von ihnen war ein Hauptmann, der in Kapernaum lebte.

Als Jesus wieder einmal in die kleine Stadt am See Genezareth kam, wartete der Hauptmann schon auf ihn. »Jesus«, rief er und eilte auf ihn zu. »Jesus, ich habe eine Bitte an dich. Mein Knecht ist krank. Er liegt zu Hause und leidet große Schmerzen. Außerdem kann er sich nicht mehr bewegen. Bitte, hilf ihm.«

»Gut, ich will gleich mit dir gehen und ihn gesund machen«, antwortete Jesus. »Wo ist denn dein Haus?«

Der Hauptmann wurde ein bisschen verlegen. »Mein Haus ist nicht gut genug für dich, Jesus. Du musst dir nicht die Mühe machen, so weit zu laufen. Es reicht, wenn du nur ein Wort sprichst, dann wird mein Knecht gesund.«

»Ist das so?«, fragte Jesus und lächelte. »Und woher willst du das wissen?«

Der Hauptmann drehte seinen blanken Helm zwischen den Händen und dachte nach, wie er am besten ausdrücken könnte, was er meinte. Dann sah er Jesus in die Augen und antwortete: »Ich bin nur ein einfacher Hauptmann. Aber ich befehle über 300 Soldaten. Sage ich zu einem von ihnen: ›Komm!‹, so kommt er. Und sage ich zu einem anderen: ›Geh!‹, so geht er. Du aber bist Herr über die Welt. Und was du willst, geschieht.«

Als Jesus das hörte, drehte er sich zu seinen Jüngern und den anderen Leuten um, die ihm folgten. »Ich bin schon weit im jüdischen Land herumgekommen. Aber noch niemals habe ich einen so großen Glauben an Gottes Macht gefunden wie bei diesem Römer. Nehmt euch an ihm ein Beispiel.«

Dann legte er dem Hauptmann eine Hand auf die Schulter und schickte ihn nach Hause. »Geh hin zu deinem Knecht. Wie du geglaubt hast, so soll es geschehen.«

Der Hauptmann bedankte sich herzlich und eilte schnell davon. Als er zur Haustür kam, öffnete ihm sein Knecht. Dieser war vollkommen gesund.

Der Sturm auf dem See
MATTHÄUS 8,23–27

Manchmal war Jesus müde vom vielen Predigen und Heilen. Wenn er dann sah, wie das Ufer am See Genezareth voll von Menschen wurde, die auf ihn warteten, musste er sich erst einmal etwas ausruhen.

»Lasst uns in euer Fischerboot steigen und auf die andere Seeseite fahren«, bat er seine Jünger. »Unterwegs kann ich ein bisschen schlafen.«

Vorn im Bug, an der Spitze des Bootes, war der ruhigste Platz. Die Jünger drängten sich hinten im Heck zusammen. Einer bediente das Segel, einer führte das Steuerruder. Schon lief das Boot auf den See Genezareth hinaus.

Irgendwann entdeckte einer der Jünger, dass sich immer mehr dunkle Wolken über dem Wasser auftürmten. Der Wind blies stärker und stärker. Schaumkronen bildeten sich auf dem Wasser und die Wellen stiegen. Zuletzt schlugen sie immer wilder über den Bootsrand ins Boot hinein. Die Jünger bekamen große Angst. Nur Jesus schlief in aller Seelenruhe weiter.

Zuerst versuchten die Jünger noch, das Wasser aus dem Boot hinauszuschöpfen. Aber keiner konnte so schnell schöpfen, wie die Wellen stiegen und neues Wasser über Bord donnerte.

Da wussten sie sich keinen anderen Rat mehr, als Jesus zu wecken. »Sieh doch, wir sinken. Wir werden alle jämmerlich ertrinken. Wach auf, Jesus, und rette uns!«

Jesus schlug die Augen auf und blickte seine Jünger kopfschüttelnd an. »Wieso fürchtet ihr euch denn so?«

Das Boot schaukelte und schlingerte gewaltig in den Wellen. Aber Jesus schaffte es trotzdem, aufzustehen. Mit mächtiger Stimme befahl er dem Wind und dem See: »Hört auf!«, und auf der Stelle trat Ruhe ein. Der Wind hatte sich gelegt und der See war wieder ganz ruhig.

Die Menschen am Ufer, die alles aus der Ferne beobachtet hatten, staunten und riefen untereinander: »Wer ist dieser Jesus, dass selbst Wind und Wellen ihm gehorchen?« Und viele fielen auf die Knie und beteten.

Die Bergpredigt

MATTHÄUS 5,1–16; 6,25–34

Eines Morgens waren wieder viele Leute aus dem ganzen jüdischen Land gekommen, um Jesus zu hören. Manche wollten auch sein Gewand berühren, um etwas von der heilenden Kraft Gottes zu spüren. Jesus war sehr müde, weil er kaum geschlafen hatte. Trotzdem stieg er bis zu einer flachen Bergnase hinauf, sodass alle ihn gut sehen und hören konnten.

»Ich will euch heute lehren, was selig bedeutet und wie man selig werden kann«, sprach Jesus. »Denn wer selig ist, kommt in Gottes Himmelreich.«

Auch die zwölf Jünger rückten neugierig näher.

»Selig«, sagte Jesus, »selig ist man, wenn man ganz und gar auf Gott vertraut.
Selig sind die Traurigen, denn Gott tröstet sie und schenkt ihnen neues Lachen.
Selig sind die Sanftmütigen, die keine Gewalt anwenden, denn Gott ist mit ihnen.
Selig sind alle, die für Gerechtigkeit eintreten, denn Gott steht ihnen bei.
Selig sind die Barmherzigen, denn Gott ist barmherzig zu ihnen.
Selig sind die Unschuldigen mit reinem Herzen, denn Gott hat sie lieb.
Selig sind alle, die Frieden stiften, denn sie sind wahre Kinder Gottes.
Selig sind alle, die leiden müssen, weil sie an Gott glauben, denn sie werden im Himmel belohnt.«

Die Jünger hatten aufmerksam zugehört und wiederholten, was sie gelernt hatten.

Jesus freute sich darüber. »Denkt immer daran, meine Freunde: Ihr seid für die Menschen so wichtig wie das Salz und das Licht. Strengt euch also an, damit die Menschen euch als Vorbilder erkennen. Alle sollen eure guten Werke sehen und Gott loben.«

»Das wollen wir gern tun. Aber wie können wir den Menschen beibringen, was gut und richtig ist?«, fragte Simon-Petrus. »Alle haben so viele Wünsche und wollen immer mehr.«

Jesus nickte. »Gott schenkt euch das Leben. Er sorgt für die Vögel unter dem Himmel und für die Blumen auf der Erde. Er sorgt auch für die Menschen. An jedem Tag aufs Neue. Deshalb ist es nicht so wichtig, was man morgen anziehen oder was man morgen essen und trinken wird. Man soll für den heutigen Tag sorgen, denn jeder morgige Tag bringt etwas Neues.«

Das Vaterunser

MATTHÄUS 6,5–13

»Wenn ihr beten möchtet«, sprach Jesus, »dann geht am besten an einen ruhigen Ort oder in euer Zimmer, schließt die Tür und sprecht zu Gott. Keiner soll euch dabei stören. Gott sieht und hört euch auch im Verborgenen.«

Jesus lächelte. »Ihr müsst auch gar nicht viel reden, wenn ihr betet. Gott weiß ja, was ihr braucht, noch ehe ihr ihn darum bittet. Deshalb plappert nicht einfach drauflos. Viele Worte helfen nicht viel.«

»Gib uns ein Beispiel«, baten die Jünger. »Bete mit uns zusammen und zeige uns, wie wir beten sollen.«

Da sprach Jesus: »Wenn ihr betet, dann betet so:

Vater unser im Himmel,
geheiligt werde dein Name.
Dein Reich komme.
Dein Wille geschehe,
wie im Himmel, so auf Erden.
Unser tägliches Brot gib uns heute.
Und vergib uns unsere Schuld,
wie auch wir vergeben unseren Schuldnern.
Und führe uns nicht in Versuchung,
sondern erlöse uns von dem Bösen.«

Alle, die Jesus zugehört hatten, merkten sich seine Worte für
immer und beteten sie ihm von nun an fröhlich nach.

Die fremde Frau

LUKAS 8,40–48

Jesus, bitte komm und hilf mir. Meine Tochter ist schwer krank. Bitte, komm und rette sie!« Eine aufgeregte Stimme war aus der Menschenmenge zu hören, in deren Mitte Jesus mit seinen Jüngern stand.

Jesus sah auf und blickte in die Richtung, aus der er die Stimme vernommen hatte. Da erkannte er Jaïrus, den Vorsteher in der Synagoge, der mit beiden Händen die Leute beiseiteschob, die ihm im Weg standen. »Jesus, schnell, nur du kannst ihr noch helfen.«

Jesus fragte nicht lange. Mit großen Schritten folgte er dem verzweifelten Vater.

Beinahe war er schon an Jaïrus' Haus angekommen, als Jesus plötzlich stehen blieb und sich zu den Leuten umdrehte, die ihm nachliefen. »Wer von euch hat mich soeben an meinem Umhang berührt? Ich habe genau gemerkt, dass von mir eine Kraft ausgegangen ist.«

Langsam trat eine Frau vor und kniete vor Jesus nieder. »Verzeih mir, ich war es.«

Mitleidig schaute Jesus sie an. Die Frau blutete aus vielen Wunden. Ihr Gesicht war mit einem ansteckenden Ausschlag bedeckt. Hände und Füße waren mit schmutzigen Lumpen umwickelt. Viele Jahre war sie schon krank und kein Arzt hatte sie heilen können. In dem Moment aber, als sie das Gewand von Jesus angefasst hatte, begannen plötzlich ihre Wunden zu trocknen und der Ausschlag in ihrem Gesicht ging zurück.

Die Leute ringsum zeigten voller Staunen mit dem Finger auf die Frau. »Ein Wunder! Ein Wunder!«, riefen sie.

Jesus achtete nicht darauf. Er beugte sich zu der Frau nieder und reichte ihr die Hand, damit sie leichter aus dem Staub aufstehen konnte. »Es ist alles gut«, versprach er. »Von heute an sollst du gesund sein, denn du hast an mich und die Kraft Gottes geglaubt. Jetzt geh hin in Frieden.«

Überglücklich lief die fremde Frau nach Hause.

Die Tochter des Jaïrus

LUKAS 8,49–56

Der See Genezareth schimmerte blau in der Sonne. Möwen flogen kreischend hinter ein paar Booten her, von denen weit draußen auf dem See Fischer ihre Netze auswarfen. Jesus wandte sich nach Jaïrus um, der ihn um Hilfe für sein einziges Kind gebeten hatte. »Komm, bring mich schnell zu ihr«, wollte er zu ihm sagen. Doch Jaïrus stand abseits unter einem Olivenbaum und weinte bitterlich.

»Seine Tochter ist tot«, erklärte ein Diener, der soeben mit der schlimmen Botschaft zu seinem Herrn an den See gekommen war. »Jetzt kannst du ihr nicht mehr helfen, Jesus. Es ist zu spät.«

»Bei Gott ist alles möglich«, antwortete Jesus und legte dem schluchzenden Vater den Arm um die Schultern. »Glaube daran und hab keine Angst.«

Gemeinsam gingen sie zu Jaïrus' Haus und traten ein. Nur drei Jünger und Jaïrus mit seiner Frau durften mitkommen.

Die Mutter weinte laut auf, als sie ihre Tochter so still und blass auf dem Bett liegen sah. »Warum hat Gott sie sterben lassen? Sie ist noch so jung.«

Jesus trat näher an das Bett heran und legte dem Mädchen die Hand auf die Stirn. »Weint nicht, ihr Eltern«, sagte er. »Freut euch. Eure Tochter lebt. Sie schläft nur.«

»Wirklich?«, schrie die Mutter auf und begann laut zu beten.

Jesus antwortete nicht. Er sah nur das Kind an, ergriff es bei der Hand und sprach ganz sanft: »Mädchen, wach auf.«

Langsam schlug das Kind die Augen auf. Sie waren groß und braun wie reife Kastanien und auch genauso blank.

Die Mutter lachte und weinte vor Freude. Der Vater konnte nicht aufhören, sein Kind zu streicheln. Die Diener rannten, etwas zu essen aus der Küche zu holen. Bald standen Weintrauben, Käse und ofenwarmes Brot mit frisch gepresstem Saft auf dem Tisch.

»Wie sollen wir dir nur danken?«, riefen Jaïrus und seine Frau immer wieder und hätten Jesus am liebsten reich beschenkt.

Doch Jesus schüttelte den Kopf. »Dankt nicht mir«, sagte er. »Dankt Gott. Nicht meine, sondern Gottes Kraft ist es, die eure Tochter geweckt hat. Vor allem aber schweigt still über die ganze Sache. Es ist ein Geheimnis. Niemand soll davon wissen.«

»Wie du willst, so soll es sein, Jesus«, versprachen die Eltern und befahlen auch ihren Dienern, mit niemandem darüber zu reden.

Dankbar nahmen sie ihr Kind in den Arm und sahen Jesus hinterher, als er mit seinen Jüngern zu den wartenden Menschen am See Genezareth hinunterging.

Der Pharisäer und der Zöllner
LUKAS 18,9–14

Einmal wollte Jesus zeigen, dass Gott auch Menschen liebt, die Fehler machen. Deshalb dachte er sich eine Geschichte über einen Pharisäer und einen Zöllner aus, die beide in den Tempel gingen, um zu beten. Pharisäer hielten sich für bessere Menschen als die Zöllner, denn Zöllner waren oft Betrüger. Viele von ihnen verlangten zu viel Geld als Wegzoll an einer Brücke oder einem Stadttor. Darüber ärgerten sich alle, besonders die Pharisäer.

»Es waren einmal ein Pharisäer und ein Zöllner«, begann Jesus zu erzählen. »Der Pharisäer war ein strenger und frommer Mann. Zwei Mal in der Woche fastete er. Dann aß er nichts, um Gott zu ehren. Alles Geld, das er verdiente, teilte er durch zehn und verschenkte einen der zehn Teile an den Tempel. Er beachtete die Gesetze Gottes, um Gottes Willen zu erfüllen. Und alle seine Freunde waren ebenfalls Pharisäer. Der Zöllner glaubte auch an Gott. Aber so fromm wie der Pharisäer war er nicht.

Als der Pharisäer sah, dass hinter ihm ein Zöllner in den Tempel kam, ging er schnell woanders hin. Stolz faltete er die Hände und betete laut: ›Gott, ich danke dir, dass ich nicht wie die anderen Menschen bin. Nicht wie die Räuber und Betrüger oder wie dieser Zöllner dort hinten, der anderen ihr Geld wegnimmt.‹

Der Zöllner hörte, was der Pharisäer sagte. Er schämte sich, denn so ganz Unrecht hatte der fromme Mann ja nicht. Er ließ den Kopf hängen. Während der Pharisäer

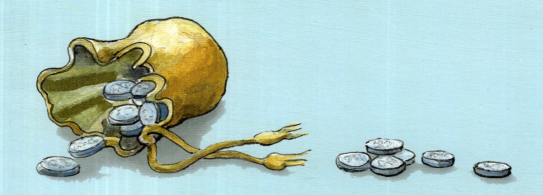

Gott dankte, dass er ein so guter Mensch war, dachte der Zöllner an Fehler, die er begangen hatte. Oft hatte er die Gesetze Gottes vergessen. Das konnte er nicht ungeschehen machen. Aber es tat ihm leid und er bereute es sehr. Fest nahm er sich vor, künftig alles anders und besser zu machen. Ganz klein kam er sich vor. Und er wusste nicht, ob Gott ihm verzeihen würde, als er sich niederkniete, mit der Hand an seine Brust klopfte und leise bat: ›Gott, sei mir Sünder gnädig.‹«

Die Leute, die Jesus zuhörten, waren still geworden. Was wollte Jesus ihnen mit seiner Geschichte sagen? Vielleicht, dass es besser ist, Fehler zu erkennen und zu bereuen, als so eingebildet zu sein, dass man sich für fehlerlos hält?

»Jesus, lehre uns, was Gott zu diesen beiden sagt«, rief jemand aus der Menge. »Erkläre es uns, damit wir daraus lernen.«

Jesus blickte von einem zum anderen. »Der Zöllner geht mit Gottes Segen nach Hause. Der Pharisäer nicht. Denn wer sich selbst erhöht und sich für besser als andere ansieht, der wird von Gott erniedrigt und muss lernen, dass alle Menschen gleich sind. Wer sich aber selbst erniedrigt und bereut, der wird von Gott erhöht und angenommen, weil Gott alle Menschen liebt. Auch die, die Fehler machen.«

Von den Ersten und den Letzten
MATTHÄUS 20,1–16

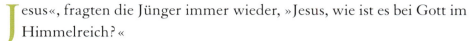

"Jesus", fragten die Jünger immer wieder, "Jesus, wie ist es bei Gott im Himmelreich?"

"Das kann ich nicht in einem Satz erklären", antwortete Jesus. "Kommt, setzen wir uns dort im Schatten auf die großen Steine. Dann erzähle ich euch eine Geschichte."

Geschichten hörten die Jünger für ihr Leben gern. Deshalb liefen sie schnell voraus und setzten sich im Kreis um Jesus herum.

"Im Himmelreich ist es wie auf einem großen Bauernhof", begann Jesus. "Schon früh am Morgen geht der Bauer auf den Arbeitermarkt, um Arbeiterinnen und Arbeiter für seinen Weinberg zu finden. Er kann alle brauchen, die bei ihm arbeiten wollen, denn sein Weinberg ist groß und für jeden gibt es etwas zu tun. Genauso sucht Gott diejenigen, die an ihn glauben.

Auf dem Arbeitermarkt gibt es viele Leute, die für den Bauern arbeiten wollen. Darüber freut er sich. ›Ich biete allen einen Denar Arbeitslohn‹, ruft er. ›Seid ihr damit einverstanden?‹

›Ja‹, stimmen alle zu und gehen mit ihm."

Jesus zog einen Denar aus der Gewandtasche und legte das Geldstück auf seine flache Hand. "Das ist zwar eine römische Münze, die es im Himmelreich nicht gibt.

Aber damit ihr versteht, was ich euch erklären will, brauchen wir jetzt den Denar.«

Dann erzählte Jesus weiter.

»Immer wieder geht der Bauer auf den Arbeitermarkt zurück und sucht noch mehr Leute, die für ihn in seinem Weinberg ernten wollen. Die Trauben sind reif und süß. Und wenn er sie nicht ernten kann, verderben sie oder werden von den Vögeln gefressen. Deshalb kann der Bauer alle Leute brauchen. Auch den neuen Arbeiterinnen und Arbeitern verspricht der Bauer einen solchen Denar.

Am Abend bestellt der Bauer alle Leute aus dem Weinberg zu sich. Zuerst ruft er diejenigen, die er zuletzt auf den Weinberg gebracht hat. Er verteilt jeweils einen Denar an sie.

Danach sollen alle die vortreten, die schon früher mit der Arbeit angefangen haben. Voller Vorfreude strecken sie die Hände aus. Sie meinen, dass sie mehr als einen Denar bezahlt bekommen, weil sie ja mehr als die anderen gearbeitet haben. Doch auch ihnen drückt der Bauer nur einen Denar in die Hand. ›Das ist ungerecht‹, schimpfen die Leute wütend. ›Die, die zuletzt gekommen sind, haben keinen ganzen Denar verdient. Sie haben nicht einmal halb so lange geschuftet wie wir. Wir wollen mehr Geld.‹

›Ruhe!‹, verlangt der Bauer laut. Jetzt hören ihm alle zu.

›Warum beschwert ihr euch, ihr guten Leute? Wart ihr nicht alle mit einem Denar Arbeitslohn einverstanden? Und habt ihr nicht alle diesen Denar bekommen?‹

›Ja, schon‹, rufen die Leute. ›Aber …‹

›Da gibt es kein Aber.‹ Der Bauer sieht alle streng an. ›Abgemacht ist abgemacht. Also seid nicht neidisch aufeinander.‹ Er schüttelt den Beutel und teilt die letzten Denare aus. ›Nehmt, was euch gehört und geht. Es ist alles gut.‹

So und nicht anders, liebe Freunde, ist es auch im Himmelreich bei Gott«, schloss Jesus seine Geschichte. »Gott liebt alle gleich, die zu ihm kommen. Alle belohnt er mit seiner Liebe, ganz gleich, ob sie schon immer an ihn geglaubt haben oder erst später irgendwann. Deshalb werden die Letzten die Ersten sein und die Ersten die Letzten.«

Brot und Fisch für alle
MATTHÄUS 14,13–21

Der See Genezareth glänzte. Die Sonne schien und die Möwen kreischten. Kinder spielten am Ufer. Draußen blähten sich die Segel der Fischerboote im Wind. Es war ein schöner Tag. Doch Jesus hatte keine Freude daran. Er war traurig. Johannes der Täufer, der ihn im Fluss Jordan getauft hatte, war tot. Freunde von ihm hatten Jesus die schlimme Botschaft überbracht.

»Lasst mich eine Weile allein«, bat Jesus. »Ich will für Johannes beten.«

Doch es waren schon viele Menschen ans Seeufer gekommen, um Jesus zu hören. Als er mit großen Schritten zu einer stillen Bucht am anderen Ende des Sees ging, rannten sie ihm alle nach.

»Schick sie doch einfach weg«, drängten seine Jünger. »Sag ihnen, sie sollen an einem anderen Tag wiederkommen.«

»Nein!« Jesus schüttelte den Kopf. Die vielen Menschen, die gekommen waren, weil sie ihn brauchten und ihm vertrauten, taten ihm leid. »Sie warten, dass ich sie heile. Ich lasse niemanden im Stich.«

Den ganzen Tag sprach Jesus mit den Leuten am See und machte die Kranken gesund.

Erst als es Abend wurde, baten die Jünger ihn, Schluss zu machen. »Es ist spät. Die Leute haben Hunger und Durst. Schick sie nach Hause. Wir können ihnen nichts zu essen und zu trinken geben.«

»Warum nicht?«

»Du stellst Fragen, Jesus!« Die Jünger zeigten rundum. »Das sind mindestens fünftausend Männer. Die Frauen und Kinder haben wir noch gar nicht gezählt. Nicht einmal dann, wenn wir 200 Silberstücke hätten, um Brot zu kaufen, könnten wir alle satt machen.«

»Ihr habt es ja noch gar nicht versucht«, meinte Jesus.

Die Jünger schlugen die Hände zusammen. »Wir haben nur fünf Brote und zwei Fische. Das reicht doch nie und nimmermehr für alle.«

»Vertraut mir«, sagte Jesus. »Geht und bringt, was wir haben.«

Als die Jünger gehorchten, stand Jesus auf und bedeutete allen, sich zu setzen. Er sah zum Himmel, betete und sprach den Segen über die Mahlzeit, die Gott beschert hatte. Er brach die Brote in Stücke und teilte die Fische, und seine Jünger gaben allen davon. Jede Frau, jeder Mann und jedes Kind aßen und wurden satt. Am Ende blieben noch so viele Brot- und Fischstücke übrig, dass zwölf Körbe voll wurden.

Jesus geht übers Wasser

MATTHÄUS 14,22–33

Endlich hatte Jesus Zeit, um seinen Freund Johannes den Täufer zu trauern. Er verabschiedete sich von den Tausenden, mit denen er Brot und Fisch geteilt hatte. Dann umarmte er seine Jünger und sagte: »Fahrt schon los. Ich komme später nach.«

Während Jesus zu beten begann, schoben die anderen ihr Fischerboot auf den See hinaus und segelten davon. Sie kamen jedoch kaum vom Fleck, denn der Wind stand ungünstig. Zum Glück hatten sie Ruder dabei und ruderten kräftig los.

»Beeilt euch«, drängte Petrus, der sich als Fischer mit dem Wetter auskannte. Er zeigte auf eine dicke schwarze Wolkenwand, die der Wind über den See trieb. »Wir kriegen Sturm.«

Als hätte der Wind nur darauf gewartet, blies er Schaumkronen über die Wellen. Immer tiefere Wellentäler und höhere Wellenkämme wirbelten auf. Das Boot schwankte und wankte. Kein Ruderschlag half. Wasser schlug über Bord.

»Hilfe!«, schrien die Jünger. »Wir sinken. Gott im Himmel, rette uns.«

In diesem Moment kam etwas Großes, Helles über das tobende Wasser auf sie zu.

»Ein Geist!«, kreischten die Jünger voller Entsetzen. »Wir sind verloren. Jetzt ist es aus mit uns.«

Das Große, Helle kam näher. »Fürchtet euch nicht«, erklang eine Stimme. »Ich bin es, Jesus.«

»Wie sollte Jesus wohl über das Wasser gehen?«, dachten die Jünger und glaubten der Stimme nicht. Einer von ihnen, Petrus, fasste sich ein Herz und brüllte in den brausenden Sturm: »Wenn es stimmt und du wirklich Jesus bist, dann beweise es. Befiehl dem Wasser, mich zu tragen, damit ich zu dir kommen kann.«

Die Stimme sprach: »Komm zu mir.«

»Geh nicht«, riefen die anderen. »Du ertrinkst.«

Doch Petrus stieg ohne zu zögern über den Bootsrand und setzte einen Fuß auf das Wasser und gleich auch den anderen. Ein Schritt gelang, ein zweiter und dritter.

»Ich gehe übers Wasser. Das gibt's doch nicht«, dachte Petrus. »Das kann doch nicht sein.«

Und schon begann er zu sinken. Das Wasser zog an seinen Kleidern. Wellen klatschten ihm ins Gesicht. Er schluckte, hustete, prustete. »Jesus, rette mich«, stieß er mit letzter Kraft heraus.

Da beugte Jesus sich vor und ergriff Petrus' Hand. »Warum hast du gezweifelt? Hättest du mir vertraut, wäre alles gut gewesen.«

Petrus schämte sich.

Kaum hatte Jesus mit Petrus das Boot bestiegen, beruhigten sich Sturm und Wellen. Freundlich brach die Abendsonne hervor und ein sanfter Windhauch blähte die Segel. Ruhig fuhr das Schiff dem rettenden Ufer entgegen.

Die Jünger sahen Jesus aus großen Augen an. Einer nach dem anderen knieten sie vor ihm nieder und flüsterten: »Jetzt wissen wir es für immer, du bist wirklich Gottes Sohn.«

Der barmherzige Samariter

LUKAS 10,25–37

Jesus«, fragte eines Tages ein Schriftgelehrter, der sich sehr gut in den heiligen Schriften der Juden auskannte. »Sag mir, wie kann ich Gott gefallen?«

»Du weißt doch, was du tun musst«, sagte Jesus. »Es steht alles in den Schriften geschrieben.«

»Da steht, du sollst Gott, deinen Herrn, von ganzem Herzen lieben und deinen Nächsten wie dich selbst.« Der Schriftgelehrte rieb sich den langen Bart. »Aber woher soll ich wissen, wer mein Nächster ist? Es gibt so viele Menschen. Ich kann doch nicht alle lieben.«

»Hör gut zu!« Jesus winkte dem Schriftgelehrten, neben ihm auf einer Bank Platz zu nehmen. »Ich erzähle dir eine Geschichte, damit du besser verstehst, was Gott meint. Es ist die Geschichte vom barmherzigen Samariter.«

Neugierig setzte sich der Schriftgelehrte und Jesus erzählte:

»Einmal reiste ein Mann von Jerusalem nach Jericho. Diese Strecke ist gefährlich, denn sie führt durch eine einsame Gegend, in der wilde Räuber ihr Unwesen treiben. Obwohl der Mann gut aufpasste, wurde er überfallen und ausgeraubt. Halb tot und fast nackt ließen die Räuber den Mann liegen und verschwanden mit ihrer Beute in ihrem Versteck.

Bald kam ein frommer Priester aus Jerusalem an dem Verletzten vorbei. »Bitte, hilf mir«, flehte dieser den Priester an. Doch der Priester tat, als sähe und hörte er nichts, und lief schnell vorbei. Er hatte Angst, die Räuber kämen wieder.

Wenig später näherte sich ein Tempeldiener, der jeden Tag die Opfer der Gläubigen im Tempel überwachte. »Hilf mir bitte«, jammerte der Verletzte. Aber der Tempeldiener trieb sein Kamel nur zu schnellerem Lauf an.

Nach einiger Zeit kam ein Mann aus Samaria des Weges. Er hielt sofort an und stieg von seinem Kamel, als er den Verwundeten erblickte. Mitleidig säuberte und verband er ihn, hob ihn vorsichtig auf den Rücken des Kamels und brachte ihn zur nächsten Herberge. Dort gab er dem Wirt zwei Silberstücke und trug ihm auf, dem Mann ein sauberes Bett zu richten, ihm etwas zu essen und zu trinken zu bringen und ihn gut zu pflegen. ›Ich muss jetzt meinen Geschäften nachgehen‹, erklärte er. ›Aber auf dem Rückweg komme ich wieder und sehe nach ihm.‹«

Jesus schwieg. Die Geschichte war aus. Der Schriftgelehrte schaute nachdenklich zu Boden.

»Jetzt frage ich dich«, sagte Jesus. »Welcher der drei Männer hat das Richtige getan? Der Priester, der Tempeldiener oder der Samariter?«

»Der Samariter. Er hat nicht zuerst an sich selbst gedacht, sondern hat dem Verletzten geholfen«, meinte der Schriftgelehrte.

»Richtig«, bestätigte Jesus und nickte. »Nun weißt du, was du tun musst, um Gott zu gefallen.«

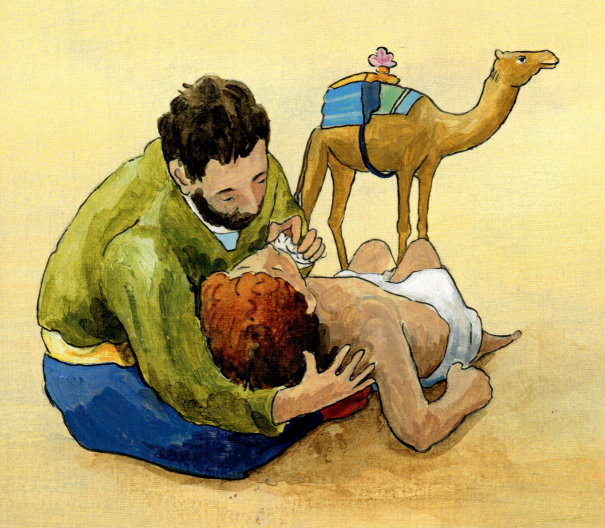

Die Kinder sind die Größten

MATTHÄUS 18,1–14

Eines Tages fragten die Jünger Jesus: »Wer ist wohl der Größte im Himmelreich?«

Da rief Jesus Kinder herbei, stellte eines zwischen die Jünger und antwortete: »Nur die Erwachsenen, die wie Kinder an mich glauben, werden in den Himmel kommen. Nur wer sich vor Gott klein macht wie dieses Kind, wird der Größte im Himmelreich sein.«

Die Jünger staunten.

Jesus legte seinen Arm um eines der Kinder und sagte: »Jedes Kind hat einen Engel bei Gott im Himmel, denn Gott hat alle Kinder besonders lieb. Deshalb sage ich euch: Wer einem Kind etwas Böses tut, wird von Gott schwer bestraft. Seht also

zu, dass ihr immer lieb und gut zu Kindern seid.« Jesus sah, dass die Jünger noch nicht ganz verstanden hatten, warum Kinder bei Gott die Größten sind. Deshalb erzählte er ihnen eine Geschichte.

»Stellt euch vor, ihr habt 100 Schafe und eines verirrt sich. Was würdet ihr tun?«, fragte er.

»Wir würden die anderen 99 bei unseren Hunden lassen, die auf sie aufpassen«, rief Petrus. »Dann würden wir uns sofort auf die Suche nach dem einen verirrten Schaf machen, damit es nicht vom Wolf gefressen wird.«

»Richtig«, stimmte Jesus zu. »Und wenn ihr das Schaf endlich wiederfindet, was passiert dann?«

»Dann freuen wir uns über dieses eine mehr als über die 99, die bei den Hunden in Sicherheit waren«, meinte Johannes.

»Ebenso ist es mit Gott, der nicht will, dass auch nur ein Kind verloren geht«, sagte Jesus und lächelte.

Jesus wird gesalbt

JOHANNES 12,1–8

Wenige Tage vor dem Passahfest besuchte Jesus mit seinen Jüngern Freunde in Betanien, einem Dorf in der Nähe von Jerusalem. Bei Lazarus und seinen Schwestern Marta und Maria war Jesus immer willkommen.

Die Familie wollte gerade essen. Herzlich luden sie Jesus und seine Jünger dazu ein. Marta eilte sogleich in die Küche und deckte allerlei Leckeres auf. »Maria«, rief sie nach ihrer Schwester. »Komm und hilf mir tragen.«

Doch Maria achtete nicht darauf. Sie lief in ein Nebenzimmer und holte einen schönen Krug, der mit kostbarem Duftöl gefüllt war. Es wurde in fernen Ländern hergestellt und kostete so viel, wie ein Mann in einem ganzen Jahr verdiente. Aber für Jesus war Maria nichts zu teuer. Schnell brach sie das Wachssiegel auf, mit dem der Krug verschlossen war, und rieb Jesus zur Erfrischung und Stärkung etwas Öl auf die Kopfhaut und in die Haare. Dann salbte sie mit dem Rest seine Füße und trocknete sie zuletzt mit ihren eigenen Haaren ab. Im ganzen Haus breitete sich ein herrlich süßer Duft nach Harz, Zitrone und frischem Holz aus, den Jesus und alle anderen tief einatmeten.

Nur einer der Jünger fand Marias Idee total verrückt. »Ist das etwa Nardenöl?«, fauchte er sie wütend an. »Das teuerste Öl der Welt? Warum hast du es nicht verkauft und mir das Geld für die Armen gegeben?«

Maria brach fast in Tränen aus. Doch Jesus schüttelte den Kopf. »Lass sie. Sie tat ein gutes Werk an mir. Die Armen habt ihr immer bei euch. Mich aber habt ihr nicht allezeit.« Freundlich nahm er Marias Hand. »Sie hat mich mit ihrem Öl im Voraus für mein Begräbnis gesalbt. Also kränkt sie nicht.«

Jesus geht nach Jerusalem

MATTHÄUS 21,1–11

Zum Passahfest wollte Jesus in Jerusalem sein, um dort im Tempel zu beten sowie mit seinen Jüngern und Freunden zu feiern. Unterwegs rief er zwei seiner Jünger zu sich. »Ihr müsst mir einen Gefallen tun. Seht ihr die Häuser da am Hang? Das ist das Dorf Betfage. Geht beide dorthin. Gleich beim ersten Haus werdet ihr einen Stall finden, in dem eine Eselin mit ihrem Jungen steht. Bindet sie los und bringt sie zu mir.«

»Aber das geht doch nicht, Jesus«, widersprach einer der Jünger. »Wir können doch nicht einfach zwei Esel stehlen.«

»Habt keine Angst«, beruhigte Jesus sie. »Wenn euch jemand fragt, sagt einfach, dass ich die Esel brauche und bald zurückbringen werde. Dann ist alles gut.«

Als die beiden zurückkamen, legten sie ein paar Kleidungsstücke auf den Rücken der Eselin und halfen Jesus, sich daraufzusetzen. So ritt er langsam voraus und seine Jünger folgten ihm mit dem jungen Esel.

Vor den Stadttoren Jerusalems hatten sich schon viele Leute versammelt. Diejenigen, die Jesus kannten, seine Predigten gehört und seine Krankenheilungen miterlebt hatten, machten ihm jubelnd den Weg frei. Viele riefen laut: »Hosianna! Gepriesen sei Jesus. Er kommt im Namen Gottes! Hosianna!« Dabei breiteten sie ihre Mäntel wie Teppiche vor Jesus aus. Andere brachen Blumen oder schnitten lange Zweige aus den Palmen am Wegesrand und bestreuten den Weg damit.

Die Leute in Jerusalem, die Jesus nicht kannten, liefen staunend herbei und starrten den jungen Mann auf der Eselin neugierig an. »Wer ist das denn?«

»Das«, antworteten die Jünger stolz, »das ist Jesus aus Nazareth in Galiläa, der Sohn Gottes.«

Jesus vertreibt die Händler aus dem Tempel

MATTHÄUS 21,12–17

Jesus sehnte sich danach, im Tempel zu beten. Er freute sich auf die Ruhe im Haus Gottes. Doch als er vor dem Tempel ankam, sah es wie auf einem Marktplatz aus. Viehhändler, Geldwechsler – alle verkauften und kauften oder stritten um Preise und Waren. Dazwischen blökten die Schafe und muhten die Ochsen. Sogar drinnen im Tempel standen Verkäufer herum. Laut gurrten Tauben in ihren Käfigen. Und wohin man trat, lag Müll.

Jesus konnte den Anblick und den Lärm kaum ertragen. Wütend sprang er von seiner Eselin und lief in den Tempel. »Was macht ihr da? Raus mit euch!«, schimpfte er und trieb alle hinaus, die sich im Tempel breitgemacht hatten. »In den heiligen Schriften steht geschrieben: Gottes Haus soll ein Haus zum Beten sein. Und was tut ihr? Ihr macht einen Marktplatz daraus.«

Die Händler zogen empört davon. Doch die Blinden und Kranken, die Jesus nachgekommen waren, freuten sich. Endlich herrschten Ruhe und Frieden im Tempel und Jesus konnte sie alle heilen. Und die Kinder riefen: »Hosianna dem Sohn Davids!«

Die Schriftgelehrten und Hohepriester aber wurden neidisch und ärgerten sich sehr.

»Hörst du, wie dich die Kinder nennen?«, riefen sie und zeigten mit den Fingern auf Jesus. »Sie nennen dich nach dem großen König David und sagen, du seist sein Nachfolger.«

»Ja«, antwortete Jesus nur. »Habt ihr in den heiligen Schriften etwa nicht gelesen, dass aus dem Mund der Kinder wahres Lob kommt?«

Den Schriftgelehrten und Hohepriestern blieb fast die Luft weg. »So ein unverschämter Kerl!«, wetterten sie untereinander. »Das können wir uns

nicht bieten lassen. Die Leute rennen ihm nach. Uns will keiner mehr predigen hören. Und jetzt reitet der hier wie ein König in unsere Stadt und führt sich im Tempel auf, als wäre es sein Haus. Schluss damit!«

Jesus aber störte sich nicht daran. Er war hungrig und müde. Zusammen mit seinen Jüngern brachte er die beiden Esel zurück und blieb bei guten Freunden über Nacht.

Das letzte Abendmahl

MATTHÄUS 26,17–35

Heute Abend will ich mit euch das Passahmahl genießen«, sagte Jesus und blickte seine Jünger liebevoll an.

»Und wo?«, fragten sie. »Es sind so viele Menschen zum Fest nach Jerusalem gekommen, dass alle Gasthäuser voll sind und wir keinen Platz mehr finden.«

»Wenn es weiter nichts ist.« Jesus zeigte den Hügel hinunter, auf dem sie beisammensaßen und sich ausruhten. »Seht ihr die Häuser dort unten? Eines davon ist das Richtige. Geht in die Stadt. Dort werdet ihr einen Diener mit einem Wasserkrug treffen. Folgt ihm, bis er ein Haus betritt. Dann fragt den Besitzer in meinem Namen nach einem Zimmer. Er wird euch einen festlichen Raum im Obergeschoss zeigen, in dem sogar schon die Sitzkissen für uns liegen.«

Tatsächlich geschah alles genau so. Und als Jesus am Abend in die Stadt kam, war das Passahmahl mit knusprig gebratenem Lamm, Brot und Wein bereits angerichtet.

Bald saßen alle bei Tisch. Fröhlich ließen sie es sich schmecken, bis Jesus irgendwann sagte: »Einer von euch wird mich bald schon verraten.«

Erschrocken blickten die Jünger ihn an. »Wer denn? Etwa ich? Oder ich?«

Doch Jesus nannte keinen Namen. Stattdessen antwortete er: »Es ist einer von euch, der sein Brot mit mir zusammen in die Schüssel eintaucht.«

»Meinst du etwa mich?«, fragte Judas Iskariot.

»Du sagst es«, nickte Jesus.

»Ich«, rief Petrus und sprang von seinem Sitzkissen auf, »ich werde dich niemals verraten, Jesus. Ich würde sogar ins Gefängnis mit dir gehen oder mit dir sterben.«

»Versprich nichts, was du nicht halten kannst«, antwortete Jesus. »Ich sage dir, noch ehe der Morgen kommt und der Hahn kräht, wirst du drei Mal geleugnet haben, mich zu kennen.«

Petrus wollte widersprechen, doch Jesus schüttelte nur den Kopf und nahm das Brot vom Teller. Er segnete es und brach für jeden seiner zwölf Jünger ein Stückchen ab. »Nehmt und esst. Dieses Brot ist wie ein Stück von mir. Wenn ihr es esst, werdet ihr alle wie ein Stück von mir sein.«

Als alle das Brot verspeist hatten, schenkte Jesus einen besonders großen und schönen Becher mit Rotwein voll und reichte ihn der Reihe nach jedem seiner Jünger. »Nehmt und trinkt. Dieser Wein ist wie etwas Blut von mir. Wenn ihr ihn trinkt, werdet ihr alle wie Blut von meinem Blut sein.«

Als alle gegessen und getrunken hatten, war den Jüngern so feierlich zumut wie nie zuvor. Jesus merkte es und freute sich, denn sie sollten dieses letzte gemeinsame Abendessen nie vergessen. »Das nächste Mal, wenn ich Wein mit euch trinke, wird es bei meinem Vater im Himmel sein«, versprach er. »Bis

dahin aber sollt ihr jedes Mal, wenn ihr in meinem Namen zusammen seid, Brot und Wein miteinander teilen und dabei an mich denken. Denn wenn ihr an mich denkt, werde ich bei euch sein. Immer und bis ans Ende aller Tage. Auch dann, wenn ihr mich nicht seht.«

Im Garten Gethsemane

MATTHÄUS 26,36–46

Wenn Jesus in Jerusalem war, gab es keinen schöneren Platz für ihn als den wunderbaren Garten Gethsemane. Dicke Olivenbäume wuchsen darin, in deren Blättern der Wind rauschte. Zwischen den Stämmen und Baumwipfeln hindurch konnte man die Stadtmauern, den Tempelberg und den Tempel von Jerusalem sehen. Im Garten Gethsemane fühlte Jesus sich Gott ganz nah.

Nach dem Passahmahl brauchte Jesus Gottes Nähe sehr, denn er hatte schreckliche Angst davor, gefangen zu werden. Traurig sah er seine Jünger an. »Heute Nacht soll ich den Soldaten ausgeliefert werden. Deshalb will ich einmal noch im Garten Gethsemane beten. Ihr bleibt besser hier in Sicherheit.«

»Keiner von uns wird dich im Stich lassen, Jesus«, versprachen alle Jünger laut durcheinander. »Wir kommen mit und beschützen dich.«

»Wenn ihr so unbedingt wollt, dann kommt.« Mit großen Schritten ging Jesus voraus.

Als sie beim Garten ankamen, befahl Jesus den Jüngern, auf ihn zu warten. Nur die drei Mutigsten und Stärksten nahm er in den Garten mit. Das waren Petrus und die beiden Brüder Jakobus und Johannes.

Als Jesus allein mit ihnen war, schämte er sich nicht, dass er vor Angst zitterte. »Ich bin so traurig und habe solche Angst. Bleibt bei mir, Freunde, und wacht mit mir.«

Sofort legten alle drei den Arm um ihn und versprachen, auf ihn aufzupassen, während er betete.

Beruhigt ging Jesus mit ihnen bis zu einer Grotte hinauf, in der man die reifen Oliven sammelte und Öl daraus presste. »Wacht hier für mich und passt auf, ob die Soldaten kommen«, bat er und ging ein Stückchen beiseite, nicht weiter, als man einen Stein werfen kann. Dort kniete er nieder und betete. »Gott, mein Vater, wenn es möglich ist, dann lass nicht zu, dass ich leiden muss. Aber es geschehe nicht, wie ich will, sondern wie du willst.«

Dann ging er zu seinen Jüngern zurück. »Sind die Soldaten schon da?«, wollte er sie fragen. Doch Petrus, Jakobus und Johannes schliefen.

»Konntet ihr nicht einmal eine einzige Stunde für mich wach bleiben?« Enttäuscht sah Jesus Petrus an. »Wenn euch die Augen so schwer sind, dass sie zufallen wollen, dann betet, damit ihr wach bleibt.«

Leise kehrte Jesus zu seinem Gebetsplatz zurück und kniete abermals nieder. »Gott, mein Vater, wenn es möglich ist, dann lass das Leid an mir vorübergehen. Doch wenn das Leid nicht an mir vorübergehen kann, so geschehe dein Wille.«

Wieder eilte er nach diesem Gebet zu seinen Jüngern zurück.

Doch Petrus, Jakobus und Johannes schliefen abermals und hatten nicht aufgepasst, ob die Soldaten bereits im Anmarsch waren. Da ließ Jesus sie liegen und betete noch einmal sehr lange.

Als er danach zurück zu seinen Jüngern kam, graute der Morgen schon. Von fern klirrten Waffen. Viele Füße trampelten näher. Jesus atmete tief ein. Jetzt hatte er keine Angst mehr. Er wusste, Gott war bei ihm.

»Da liegt ihr und schlaft noch.« Jesus rüttelte seine Jünger wach. »Steht auf, lasst uns gehen. Meine Stunde ist gekommen. Seht doch, der Verräter ist da.«

Jesus wird gefangen genommen

MATTHÄUS 26,47–56

Fackelschein leuchtete zwischen den Olivenbäumen und Steinen im Garten Gethsemane auf. Er funkelte über Helme und Rüstungen. Waffen klirrten. Das Stampfen vieler Füße ließ den Boden dröhnen.

Ein Mann trat aus dem Schatten der Bäume heraus. Es war Judas Iskariot, der Jünger, der Jesus verraten wollte.

»Ich bringe die Soldaten zu ihm«, hatte er den Hohepriestern und Schriftgelehrten versprochen, die Jesus fangen und töten lassen wollten. »Der ist es, den ich küsse.«

Jetzt kam Judas Iskariot mit großen Schritten auf Jesus zu. »Da bist du ja«, begrüßte er Jesus und küsste ihn auf die Wange.

»Mit einem Kuss verrätst du mich?«, murmelte Jesus. »Bist du deshalb gekommen, mein Freund?«

Die Soldaten wussten alle, dass dieser Kuss das vereinbarte Zeichen war. Deshalb stürmten sie mit Schwertern und Speeren auf Jesus zu.

Petrus wusste, was das zu bedeuten hatte. »Jesus«, schrie er und stellte sich mit den übrigen Jüngern um Jesus herum zur Verteidigung auf. »Sollen wir mit dem Schwert dreinschlagen?«

Noch ehe Jesus antworten konnte, flog schon einem Soldaten, der als Erster vor den Jüngern ankam, ein Ohr ab. Keiner wusste genau, wer zugeschlagen hatte. Petrus vielleicht? Jesus hielt schnell Petrus' Schwertarm fest. »Hört auf! Lasst eure Schwerter stecken!« Alle gehorchten. Eilig schob Jesus seine

Jünger hinter sich, trat schützend vor sie und rief den Soldaten zu: »Ihr kommt hier mit Schwertern und Speeren an, als ob ich ein Verbrecher wäre. Täglich war ich bei euch im Tempel. Da habt ihr keinen Finger gegen mich gerührt. Aber jetzt ist eure Stunde und die Macht der Finsternis. Tut also, was ihr tun müsst.«

»Schnappt ihn! Legt ihn in Ketten!« Einer der Soldaten gab den Befehl. Und im selben Augenblick war Jesus gefangen und gefesselt.

Im Durcheinander rannten seine Jünger auf und davon. Nur Petrus folgte Jesus heimlich und von ferne.

Petrus will Jesus nicht mehr kennen
MATTHÄUS 26,69–75

Petrus hatte beobachtet, dass Jesus zum Haus des Hohepriesters Kaiphas geschleppt worden war. Im Hof hatte man ein großes Feuer angezündet. Knechte und Mägde saßen darum herum, unterhielten sich und aßen im wärmenden Flammenschein. Heimlich schlich Petrus näher und setzte sich dort, wo der Feuerschein am schwächsten war, auch dazu. Er hoffte, dass ihn keiner bemerken würde, wenn er im Dunkeln bliebe.

Erst als es langsam hell wurde, schaute ihn eine Magd, die dicht neben ihm am Feuer saß, misstrauisch an. »Du warst doch auch bei Jesus, dem Galiläer.«

Petrus erschrak. »Ich weiß nicht, was du redest«, log er und wollte schnell zum Tor hinaus verschwinden.

Eine andere Magd rief jedoch auch: »Dieser war bei Jesus, dem Nazarener.«

Da log Petrus zum zweiten Mal. »Ich schwöre, ich kenne den Menschen nicht.«

Darauf traten weitere Leute an ihn heran und behaupteten: »Wirklich, du bist einer von denen. Deine Sprache verrät dich. So wie du reden nur die Leute aus Nazareth.«

Petrus fürchtete sich wie nie zuvor. Er wollte nicht gefangen werden. Laut fing er zu fluchen an und schwor noch einmal: »Ich kenne den Menschen nicht.«

Und sogleich krähte der Hahn.

Sofort erinnerte Petrus sich an die Worte von Jesus: »Ehe der Hahn kräht, wirst du mich drei Mal verleugnen.«

Da lief er traurig zum Tor hinaus und weinte bitterlich.

Jesus wird verhört und verurteilt

MATTHÄUS 26,57–68; 27,1–23

Als Jesus gefangen genommen worden war, brachten ihn die Soldaten sofort zu Kaiphas, dem obersten Hohepriester in Jerusalem. Kaiphas rief viele Leute auf, die etwas Schlimmes über Jesus aussagen sollten. Aber alles, was diese Frauen und Männer behaupteten, stimmte nicht. Jeder erzählte dieselbe Sache anders.

Jesus hörte sich alles schweigend an.

Kaiphas, der Hohepriester, fragte ihn schließlich: »Bist du der Sohn Gottes?«

Da antwortete Jesus: »Ja, du sagst es!«

Vor Freude rieb sich der Hohepriester Kaiphas die Hände. »Jetzt habt ihr es alle mit eigenen Ohren gehört«, rief er laut und drehte sich zu den Schriftgelehrten und

anderen Priestern um. »Jetzt brauchen wir keine Zeugen mehr. Dieser Mann sagt, er sei der Sohn Gottes. Was sollen wir mit ihm tun?«

Sofort waren sich alle einig: »Wir bringen ihn zu Pontius Pilatus. Er soll ihn verurteilen. Wer behauptet, der Sohn Gottes zu sein, muss sterben.«

Pontius Pilatus war der Statthalter des römischen Kaisers, der über das jüdische Land herrschte. Nur er durfte ein Todesurteil sprechen. Als er erfuhr, dass der Hohepriester Kaiphas ihm einen Gefangenen gebracht hatte, trat er vor die Tür und fragte: »Welche Anklage erhebt ihr gegen ihn?«

»Er sagt, er sei der Sohn Gottes«, antwortete der Hohepriester Kaiphas. »Angeblich ist er der neue König der Juden. Darum muss er sterben.«

Pontius Pilatus war es egal, was Jesus über Gott sagte. Die Römer glaubten nicht an den Gott der Juden. Sie hatten viele eigene Götter. Aber wenn sich einer zum König der Juden machen wollte, war das gegen Rom. Das musste verhindert werden.

Sofort ließ Pontius Pilatus Jesus vor den Richterstuhl bringen. »Bist du der König der Juden, der Sohn Gottes?«

»Du sagst es«, antwortete Jesus.

»Und wo ist dein Königreich?«, fragte Pontius Pilatus.

»Es ist nicht von dieser Welt«, sagte Jesus. »Es ist bei Gott.«

Viele Menschen waren wegen Jesus zum Palast gekommen. Die Priester und Schriftgelehrten hatten den Leuten Angst gemacht. »Gott wird euch alle strafen, weil ihr Jesus geglaubt habt«, hatten sie erzählt. »Wenn wir Jesus bestrafen, wird Gott euch verzeihen.«

Da fürchteten die Leute sich sehr.

Pontius Pilatus aber überlegte. Jemanden zum Tode zu verurteilen, der nichts Schlimmes getan hatte? Nein, das war nicht richtig. Sogar seine liebe Frau hatte ihm vorhin eine Nachricht zuflüstern lassen, dass dieser Jesus unschuldig sei.

Da endlich hatte Pontius Pilatus eine Idee. Es war doch Passahzeit. In diesen Tagen wurde immer ein Verurteilter aus dem Gefängnis freigelassen und das Volk durfte entscheiden, wer es sein sollte. Das gefiel Pontius Pilatus gut. So sollte es auch mit Jesus sein. Das Volk sollte über ihn urteilen.

Erleichtert trat er wieder vor den Palast hinaus. »Ihr guten Leute«, rief er. »Wen soll ich zu diesem Passahfest freilassen: Jesus oder Barabbas?«

Barabbas war ein Räuber und Mörder. Trotzdem schrien alle: »Freiheit für Barabbas! Freiheit für Barabbas!«

»Und was soll ich mit Jesus machen?«, fragte Pontius Pilatus.

»Kreuzige ihn!«, verlangten die Leute und die Priester und Schriftgelehrten brüllten am lautesten.

185

Jesus stirbt am Kreuz

MATTHÄUS 27,24–56

Pontius Pilatus hatte die Macht, Jesus freizusprechen. Er musste nicht auf Kaiphas, den Hohepriester, und das Volk hören. Aber war es klug, wenn er es nicht tat? Pontius Pilatus hörte das Volk »Kreuzige ihn! Kreuzige ihn!« brüllen und dachte nochmals nach.

Der Kaiser in Rom hatte ihm befohlen, für Ruhe im jüdischen Land zu sorgen. Wenn er sich gegen Kaiphas stellte, war diese Ruhe in Gefahr. Kaiphas war mächtig. Er konnte das Volk zu einem Aufstand gegen Pontius Pilatus aufhetzen. Dann würde Pontius Pilatus gegen das Volk kämpfen müssen. Kaiphas würde dem Kaiser sagen, dass Pontius Pilatus an allem schuld sei. Am Ende würde der Kaiser womöglich Pontius Pilatus zum Tode verurteilen. Und warum? Nur weil er diesen Jesus von Nazareth beschützt hatte. So weit durfte es nicht kommen.

Entschlossen trat Pontius Pilatus abermals vor den Palast. Als alle still wurden, um das Urteil zu hören, ergriff er eine Schüssel mit Wasser, wusch seine Hände darin und rief: »Es soll geschehen, wie ihr wollt. Ich aber wasche meine Hände in Unschuld, denn ich will nicht schuld sein am Tod von Jesus.«

Damit gab er ihnen den Räuber und Mörder Barabbas frei.

Jesus aber ließ Pontius Pilatus verprügeln, bis er aus vielen Wunden blutete. Zum Schluss mussten die Soldaten ihm eine Krone aus Dornenzweigen aufsetzen und ihm einen roten Königsmantel anziehen. Dann lachten sie Jesus aus.

Anschließend zerrten die Soldaten Jesus auf die Straße hinaus. Er musste sich durch die Gassen Jerusalems bis hinauf zum Berg Golgatha schleppen. Dort wurden alle Verurteilten hingerichtet.

Viele Neugierige hatten sich versammelt, um der Kreuzigung zuzusehen, denn außer Jesus sollten auch noch zwei Verbrecher hingerichtet werden. Manche weinten. Andere lachten und verspotteten Jesus. Und die Soldaten, die Jesus ans Kreuz genagelt hatten, würfelten um seine Kleider.

Mittags verdunkelte sich plötzlich die Sonne. Im ganzen Land wurde es finster. Viele Menschen rannten in Panik vom Berg Golgatha herunter.

Verzweifelt schrie Jesus: »Mein Gott, mein Gott, warum hast du mich verlassen?«

Im Tempel von Jerusalem zerriss der Vorhang vor dem Allerheiligsten. Die Erde bebte und spaltete die Berge.

Und Jesus starb.

Jesus ist auferstanden

MATTHÄUS 27,57–61; 28

Als Jesus gestorben war, wollten seine Freunde ihn so schnell wie möglich begraben. Das war nicht so einfach, denn Pontius Pilatus musste dazu seine Erlaubnis geben. Deshalb waren alle froh, als Josef von Arimathäa kam, ein reicher Händler. Er war heimlich schon lange ein Freund von Jesus gewesen. Pontius Pilatus kannte er sehr gut. Deshalb bat er ihn um die Erlaubnis, Jesus vom Kreuz abnehmen und begraben zu dürfen. Tatsächlich erlaubte Pontius Pilatus es ihm.

Gegen Abend, als es schon dunkel wurde, nahmen Josef und andere Freunde den toten Jesus vom Kreuz herunter. Zusammen trugen sie ihn in ein leeres Felsengrab, das Josef von Arimathäa gehörte. Damit niemand das Grab betreten konnte, rollten sie einen schweren Stein vor den Eingang.

Als am nächsten Morgen die Sonne aufging, eilte Maria von Magdala mit einer anderen Frau zum Grab. Kaum waren sie angekommen, bebte die Erde und ein Engel in einem schneeweißen Gewand kam wie ein Blitz vom Himmel herunter. Er schob den Grabstein zur Seite und setzte sich darauf. Dann blickte er die Frauen an und sprach: »Fürchtet euch nicht. Ich weiß, dass ihr Jesus sucht. Er ist aber nicht mehr hier, denn er ist von den Toten auferstanden.«

Freundlich zeigte er den Frauen das leere Grab und sagte: »Lauft schnell zu seinen Jüngern und sagt ihnen, dass Jesus nach Galiläa gegangen ist. Dort werdet ihr ihn wiedersehen.«

Die Frauen waren erschrocken und überglücklich zugleich, weil Jesus nicht tot war. So schnell sie konnten, rannten sie zu den Jüngern, um ihnen die wunderbare Botschaft zu überbringen.

Sie waren noch nicht weit gelaufen, als sie sahen, dass der Engel die Wahrheit gesagt hatte. Denn Jesus kam ihnen auf dem Weg entgegen. »Seid gegrüßt!«, rief er ihnen zu. »Fürchtet euch nicht.« Und dann wiederholte er, was schon der Engel gesagt hatte. »Richtet den Jüngern aus, dass ich in Galiläa auf sie warte.«

Wenig später waren die elf Jünger unterwegs. Als sie in Galiläa ankamen und Jesus sahen, fielen einige auf die Knie und beteten ihn an. Andere zweifelten und konnten nicht glauben, dass es wirklich Jesus war, der vor ihnen stand. Da trat Jesus ganz nah an sie heran, damit sie ihn genau betrachten und erkennen konnten.

Er sprach: »Hört gut zu, was ich euch sage. Ich habe alle Macht im Himmel und auf der Erde. Deshalb sollt ihr alle Menschen auf der ganzen Welt zu meinen Jüngern machen. Tauft alle Leute und bringt ihnen bei, was ich euch gelehrt habe. Ich aber bin bei euch alle Tage bis zum Ende der Welt. Auch dann, wenn ihr mich nicht seht.«

189

Das Pfingstwunder
APOSTELGESCHICHTE 1,1–14; 2

Vierzig Tage blieb Jesus bei seinen Jüngern und erzählte ihnen immer wieder von Gott und dem Himmelreich. Zuletzt befahl er ihnen, Jerusalem nicht zu verlassen. »Bald schon«, sagte er, »bald schon wird Gott euch seinen Heiligen Geist schicken. Er wird euch die Kraft schenken, die ihr braucht, damit ihr allen Menschen auf der ganzen Welt von Gott erzählen und sie taufen könnt. Also wartet hier und betet.«

Die Jünger wollten noch so viel wissen und fragen, doch kaum hatte Jesus ausgesprochen, legte sich eine dichte Wolke um ihn und er verschwand. Die Wolke aber stieg in den Himmel empor. Staunend sahen die Jünger Jesus nach. Dann kehrten sie ins Haus zurück und begannen auf Gottes Heiligen Geist zu warten.

Auch zu Pfingsten saßen sie alle zusammen. Da hörten sie plötzlich ein lautes Brausen am Himmel. Es klang wie ein mächtiger Sturm und erfüllte das ganze Haus. Erschrocken rannten die Jünger zur Tür hinaus.

In diesem Moment erschien den Jüngern ein wundersames Licht, das hell und warm leuchtete wie ein Feuer. Und plötzlich konnten sie in allen Sprachen der Welt reden. Da wussten sie, dass die Kraft Gottes gekommen war, der Heilige Geist.

Viele Neugierige, die das Licht gesehen und das Brausen gehört hatten, eilten zum Haus der Jünger und wunderten sich, was das zu bedeuten hätte. Petrus sah die Menschenmenge an. Er dachte daran, wie Jesus gepredigt und ihm aufgetragen hatte, alle Menschen auf der Welt zu Jüngern zu machen. Deshalb nahm er seinen ganzen Mut zusammen und breitete die Arme aus, wie Jesus es getan hatte, wenn er zu den Menschen sprach. Dann sagte er:

»Schaut uns nicht an, als ob wir betrunken wären, ihr guten Leute. Wir sind alle ganz klar im Kopf. Gott hat uns den Heiligen Geist geschickt. Das ist das Licht, das ihr gesehen habt. Und der Heilige Geist gibt uns Jüngern die Kraft, Gottes Wort in allen Sprachen zu euch zu bringen. Gott hat Jesus

von den Toten auferweckt und zu sich in den Himmel gehoben. Wir alle haben
es gesehen und erlebt. In der ganzen Welt werden wir darüber reden und den
Menschen von Gott und Gottes Sohn Jesus erzählen. Gott hat Jesus alle Macht im
Himmel und auf der Erde gegeben. Freut euch mit mir und lasst uns beten.«

Als die Menschen das hörten, fragten sie: »Was sollen wir tun, damit die Kraft des
Heiligen Geistes zu uns kommt?«

»Glaubt an Gott und Gottes Sohn«, antworteten Petrus und die anderen Jünger.
»Lasst euch im Namen von Jesus taufen und haltet Gottes Gebote. Dann werdet
auch ihr den Heiligen Geist spüren.«

Petrus hatte in seiner Muttersprache gesprochen wie immer. Doch alle Menschen,
die ihn hörten, konnten ihn verstehen, auch wenn sie eine andere Sprache
sprachen. Das bewirkte der Heilige Geist. Und er
wirkte so mächtig, dass sich am Ende des Tages
3000 Menschen von Petrus und den Jüngern
taufen ließen. Von diesem Tag an zogen die
Jünger in die Welt hinaus, um allen zu
erzählen: Jesus ist auferstanden!

Bibliografische Information der Deutschen Bibliothek
Die Deutsche Bibliothek verzeichnet diese Publikation in der Deutschen
Nationalbibliografie; detaillierte bibliografische Daten sind im Internet
über http://dnb.ddb.de abrufbar.

2. Auflage 2017
© 2016 Verlag Ernst Kaufmann, Lahr

Dieses Buch ist in der vorliegenden Form in Text und Bild urheberrechtlich
geschützt. Jede Verwertung ist ohne Zustimmung des Verlags Ernst
Kaufmann unzulässig und strafbar. Dies gilt insbesondere für Nachdrucke,
Vervielfältigungen, Übersetzungen, Mikroverfilmungen und die Einspeicherung
und Verarbeitung in elektronischen Systemen.

Druck und Bindung: DZS Grafik, Ljubljana

ISBN 978-3-7806-2984-5